T0243945

EL PEQUEÑO LIBRO DE LOS SECRETOS MÍSTICOS

RUMI, SHAMS DE TABRIZ Y EL CAMINO DEL ÉXTASIS

Maryam Mafi

EL GRANO Ð MOSTAZA

Título: El pequeño libro de los secretos místicos
Subtítulo: Rumi, Shams de Tabriz y el camino del éxtasis
Autor: Maryam Mafi

Título original: A Little Book of Mystical Secrets: Rumi, Shams of Tabriz, and the Path of Ecstasy © 2017 de Maryam Mafi
Derechos de autor del prólogo © 2017 de Narguess Farzad
Esta edición se publica por acuerdo con Red Wheel/Weiser LLC a través de International Editors & Yáñez Co. S.L.

Primera edición en España, junio de 2024

© para la edición en España, Ediciones El Grano de Mostaza S.L.
Traducción: Miguel Iribarren

Impreso en España
ISBN PAPEL: 978-84-128744-0-2
ISBN EBOOK: 978-84-128744-1-9
DL: B 9868-2024

El Grano de Mostaza Ediciones, S.L.
Carrer de Balmes 394, principal primera
08022 Barcelona, Spain
www.elgranodemostaza.com

EL PEQUEÑO LIBRO DE LOS SECRETOS MÍSTICOS

RUMI, SHAMS DE TABRIZ Y EL CAMINO DEL ÉXTASIS

Maryam Mafi

Índice

PRÓLOGO

En el siglo XXI, Mowlânâ Jalal ad-Din Balkhi, nombre completo de Rumi, es, probablemente, el poeta más leído del mundo, incluso en Occidente, y a pesar de que vivió hace más de ochocientos años. Sin embargo, fuera del mundo académico se sabe relativamente poco del tutor espiritual y fuente de inspiración de Rumi, Mohammad ibn-e Ali ibn-e Malekdâd Tabrizi, más conocido como Shams de Tabriz. Shams, una palabra árabe que significa «sol», fue el catalizador que convirtió al más bien resuelto y ascético Rumi, clérigo y profesor, en Rumi, el discípulo apasionado de la religión del amor. Él fue el agente de la energía mística propulsora que transformó al Rumi reticente en un poeta extático.

El nuevo y maravilloso libro de Maryam Mafi, *El pequeño libro de los secretos místicos*, ayuda a corregir este desequilibrio arrojando luz sobre la vida de Shams y, lo que es igualmente importante, compartiendo sus escritos con nosotros.

Los encantadores y exuberantes poemas de Rumi han pasado de místico a místico y de devoto a creyente primero de boca en boca, luego, en forma impresa y ahora, en grabaciones sonoras y visuales. Estos poemas y sus historias familiares han viajado por las tierras que van desde Marruecos hasta Indonesia, desde Oriente Próximo hasta el corazón de Europa y las Américas, descansando primero en tabernas medievales y luego en las modernas *khâneghâhs,* los refugios de las hermandades de derviches sufíes. Hombres y mujeres de todos los orígenes y credos se han sentido cautivados por el amor y la energía positiva que emanan de estos poemas. Durante siglos, los seguidores de Rumi han celebrado su legado cantando, girando y bailando, mientras recitaban sus poemas.

En el siglo XXI, las reuniones de sus seguidores ya no son solo un asunto íntimo, sino que toman la forma de meditaciones dinámicas en el gimnasio, en fiestas multitudinarias celebradas en clubes o en los espectáculos sobre las pasarelas que tienen lugar durante la Semana de la Moda de Nueva York. Sin embargo, quienes a lo largo de los siglos han llevado su mensaje en palimpsestos desde los antiguos palacios y ermitas de Oriente hasta las universidades y ayuntamientos de todo el mundo, pasando por las páginas de los actuales Facebook y X, siguen celebrando ardientemente y haciendo proselitismo de su religión del amor.

Rumi es, sobre todo, conocido en Occidente como el autor del largo poema narrativo *Masnavi-ye Ma'navi* (que significa «coplas espirituales»), el cual, con más de veinticinco mil versos dobles rimados, es casi cinco veces más largo que *El paraíso perdido* de Milton. Pero incluso este gran escrito queda empequeñecido por la obra maestra de Rumi, mucho más larga y condensada, el *Diwán de Shams de Tabriz,* una colección de cuarenta mil versos de odas líricas, cuartetos, panegíricos y mucho más. La sección más famosa de este gran *Diwán* es la colección de más de tres mil *gazales,* o letras líricas, que a menudo se describen como exuberantes himnos al amor.

Por lo general, la autoría de los *gazales* se identifica por la aparición del nombre real, o del sobrenombre distintivo, del poeta en la última línea del poema, conocido como *takhallus*. En el caso de Rumi, el nombre que aparece en la portada del *Diwán* y en la firma del takhallus en más del ochenta por ciento de estos *gazales* no es el suyo, sino el de Shams al-Din Tabrizi, el *Sol de la Religión de Tabriz*, conocido universalmente como el querido mentor espiritual, maestro y compañero del alma de Rumi. Es como si la identidad del poeta, que probablemente falleció mucho antes de la finalización del *Diwán*, se fundiera y se disolviera en esta luz guía.

Resulta difícil separar la presencia poética del maestro y del alumno en estos poemas, ya que a menudo Shams y Rumi hablan con la misma voz. Pero ¿quién era Shams? ¿Quién era este Sol abrasador que surgió de Tabriz y que, en menos de cuatro años, cautivó a todos los que fueron aceptados en su círculo en la ciudad de Konya, en la Anatolia Central?

Las rupturas causadas en la muy unida comunidad de estudiantes y seguidores de Rumi en Konya por la repentina llegada de Shams y los cambios que trajo consigo en el estilo de enseñanza y en la forma de rendir culto de Rumi están bien documentados y analizados en numerosos libros y artículos, de modo que no es necesario repetirlos aquí. Sin embargo, lo que sí podemos revisar son las reflexiones del propio Rumi sobre esta transformación. Resume su cambio en este poema, cuando póstumamente le dice a Shams:

Yo era un asceta, tú me convertiste en bardo.
Tú me convertiste en el cabecilla de las fiestas y en bebedor de vino.

Yo era el hombre noble de oración.
Tú me convertiste en el objeto de burla de los chicos de la calle.

En una página tras otra de su poesía, Rumi hace infinitas referencias al efecto abrasador, ardiente y calcinante de Shams en su vida, y la más memorable de ellas es su resumen de su propia vida:

Los frutos de mi existencia no son más que tres:
estaba crudo, me cociné y me quemé.

Teniendo en cuenta el alcance y la magnitud de la influencia que ejerció en su círculo, es sorprendente lo relativamente poco que se sabe de Shams de Tabriz. Sin embargo, las mejores pistas sobre su carácter se encuentran en los poemas del propio Mowlânâ Jalal ad-Din Balkhi Rumi. En un relato tras otro de las *Coplas espirituales,* Rumi alude a sus encuentros con Shams y a las interminables conversaciones, discusiones y enfrentamientos que mantuvieron.

En el Libro 1 del *Masnavi,* mientras desarrolla el relato de «El rey y la sierva», Rumi describe su encuentro con Shams definiendo la inquietud y la frustración de esperar a alguien a quien anhelas, pero eres incapaz de identificar hasta que llega. Describe ese emocionante momento cuando reconoces a esa persona con certeza y te das cuenta de que la habías estado esperando todo el tiempo, con sus atributos exactos y sus rasgos familiares. En este pasaje, Rumi relata la aparición de Shams bajo la apariencia de un sabio y médico de otro mundo cuya llegada se le había anunciado en un sueño. Aquí, el narrador poético cuenta lo que vio el rey:

Cuando llegó la hora y amaneció,
el Sol salió desde Oriente y abrasó las estrellas.
Él vio a un hombre, un sabio solemne,
un sol rodeado de sombras,
la visión que el rey había visto en su sueño
aparecía ahora en el rostro del invitado.
El rey se adelantó a los sirvientes,
dando la bienvenida a su invitado que venía de lo invisible:
ambos marinos experimentados,
dos almas fundidas sin fisuras.
Dijo: «Tú eres mi amado, no ella,
ay, una cosa lleva a la otra en este mundo»,
tú eres mi Mahoma y para ti yo seré Omar;
me apretaré el cinturón para servirte.

Rumi se basa en gran medida en muchos textos coránicos e islámicos para destacar las ideas que explora y relata en el *Masnavi*. Tanto es así que Jami, poeta persa sufí del siglo XV, se refería al *Masnavi* como el Corán en lengua persa. En varios textos islámicos a veces se hace referencia a Dios como el «sol enmarcado en sombras», como si fuera una visión escondida aunque esté a plena vista. En muchos otros casos, Rumi eleva a Shams a niveles celestiales y, en su compañía, contempla vislumbres de lo divino, como en el siguiente *gazal* que Rumi abre con las palabras «Una vez más, ese sol reinante se ha elevado al cielo» y concluye con «ese Soberano

Supremo había cerrado la puerta con firmeza, / pero vestido con sotana de mortalidad, hoy ha entrado por la puerta».

Según los relatos que nos han dejado los compañeros de Rumi y sus biógrafos contemporáneos o posteriores, Mowlânâ Shams, como se lo llama a menudo en estos textos, era un místico peripatético muy versado, muy culto y entendido, siempre vestido con túnicas de fieltro negro y, según Aflaki, «apuesto de rostro como un hombre joven». Estos relatos también lo describen como un profesor mordaz y un maestro autoritario.

Muchos están de acuerdo en que son los textos de Rumi los que han traído a Shams a la existencia y a la historia, pero ¿qué otras fuentes pueden arrojar luz sobre este hombre y qué sabemos o tenemos de los escritos del propio Shams?

En el primer capítulo de este libro, Maryam Mafi, que ha dedicado la mayor parte de su carrera literaria a traducir la poesía de Rumi, ofrece un amplio resumen del *Maghâlât* o *Discursos de Shams de Tabriz*. En *El pequeño libro de los secretos místicos* reúne gran parte de la información disponible sobre la vida de Shams, sus creencias, alumnos y viajes. Las bellas y claras traducciones del *Maghâlât* realizadas por Mafi hacen que los aforismos y las clarividentes observaciones de Shams sean accesibles a un público más amplio y nos permiten vislumbrar la filosofía y los puntos de vista de esta enigmática figura.

De las viñetas de los escritos de Shams, traducidas por Mafi, aprendemos que a menudo era él quien plantaba la semilla de una idea o lanzaba una hipérbole que inspiraba y activaba la imaginación de Rumi, quien, a su vez, convertía estas anécdotas en narraciones filosóficas o cantos arrebatados. Por ejemplo, Shams dice: «¡Qué alegría ver al elefante en su totalidad! ¡Aunque cada extremidad es asombrosa, ver la totalidad conlleva otra alegría!». Y vemos esto desarrollado en la «Historia del elefante en la oscuridad», en el Libro 3 del *Masnavi*.

En la historia y la literatura hay muchos ejemplos de intensa intimidad emocional e intelectual entre dos hombres, enmarcada en un vínculo casto, no sexual pero profundamente afectuoso, que siguen fascinándonos en los tiempos modernos. Desde Sócrates y Platón hasta Horacio y Hamlet, desde Emerson y Thoreau hasta Robert Friedland y Steve Jobs, e incluso Woody y Buzz en *Toy Story*. Estos «romances entre hermanos», amistades que complementan y completan a dos hombres, han dado lugar a escritos, creaciones y puntos de vista que han conformado nuestra comprensión del mundo.

Tal vez la comparación más cercana de la relación entre Shams y Rumi sea la de Sócrates y Platón, especialmente dadas las similitudes en la diferencia de edad entre mentor y devoto, así como la aversión a la riqueza material tanto de Sócrates como de Shams, su negativa a seguir las convenciones y a encajar en las costumbres de su época y la forma en que cada uno alcanzó la inmortalidad a través de los escritos de su discípulo. Por último, la forma brutal en que ambos hombres murieron también ha contribuido al patetismo que enmarca la imagen de estos dos maestros: la ejecución de Sócrates y, con toda probabilidad, el asesinato de Shams.

En su biografía de los santos sufíes, *Nafahat al-Uns (Alientos de fraternidad),* el poeta Jami relata de manera conmovedora el último encuentro de Shams y Rumi en el año

1248 d. C.; lo reproducimos aquí con traducción de Reynold Nicholson:

> Una noche, el jeque Shams ud-Din y Maulana (Jalal ad-Din) estaban sentados en privado cuando alguien de fuera pidió al jeque que saliera de inmediato. Él se levantó, diciendo a Maulana: «He sido llamado a mi muerte». Después de una larga pausa, Maulana dijo: «Verdaderamente, Suya es toda la creación y el imperio de esta. ¡Bendito sea Dios, el Señor de todas las criaturas!».
> Siete conspiradores le tendieron una emboscada y se lanzaron sobre él con cuchillos, pero el jeque lanzó un grito tan terrible que todos se quedaron atónitos. Uno de ellos era Ala ud-Din, el hijo de Maulana, y portaba la marca de «Él no es de tu gente». Cuando recobraron el sentido, no vieron nada salvo unas gotas de sangre. Desde aquel día hasta hoy no ha aparecido rastro alguno de aquel monarca espiritual.

Mowlânâ Jalal ad-Din Balkhi Rumi escribió su poesía más bella tras la muerte de Shams de Tabriz, que desapareció tan misteriosamente como había aparecido. Durante años, Rumi trató de explicar la naturaleza de su añoranza por su querido y confiado amigo, cuya presencia se siente en toda la colección de versos que llevan su nombre, *Diwán de Shams de Tabriz*. Rumi reconoció este amor haciendo una reverencia poética a la memoria de Shams, que le enseñó a «mirar la noche y ver el día; mirar la espina y ver la rosa».

Robert Browning dijo que derramaba riadas de amor sobre el mundo solo para ocultarse a sí mismo, una descripción bastante acertada de lo que hizo Shams. Rumi canalizó este amor hacia su poesía y muchos siglos después, E. E. Cummings, poeta estadounidense del siglo XX, escribió que «ahora los oídos de mis oídos están despiertos y ahora los ojos de mis ojos están abiertos». Las palabras de Cummings captan perfectamente el mensaje esencial que es el legado de Shams y Rumi.

En su último *gazal*, dictado a su hijo en el lecho de muerte, Rumi acepta por fin la llamada de Shams. Una vez más, hace referencia a una visión en un sueño y declama:

Anoche, en un sueño, vi a un anciano en el callejón del amor.
Me llamó con un gesto y dijo: «Empieza tu viaje, ven con nosotros».

Y con estas palabras, Rumi reafirma el fundamento de la liberación de la humanidad: nos acercamos al Reino de los Cielos a través del Amor.

Narguess Farzad, profesor titular de la Facultad de Lenguas y Cultura de la Universidad de Londres

SHAMS DE TABRIZ: EL SOL DE RUMI

Cuando nos familiarizamos con Rumi, es natural que también nos interesemos por su mentor, Shams de Tabriz. Sin embargo, para la mayoría de nosotros, Shams sigue siendo un enigma. ¿Quién era? ¿Por qué necesitamos saber de él? ¿Por qué ahora? ¿Merece Shams, a quien muchos consideran una figura periférica, un extenso estudio en forma de libro? Estas son preguntas legítimas, y también podríamos plantear otras, pero la simple respuesta a todas ellas es un sonoro ¡sí!

Para quienes hemos leído, estudiado y llegado a apreciar a Rumi, el siguiente paso lógico es conocer a su principal inspirador. Debemos comprender por qué y cómo Shams transformó a su alumno más famoso en un loco *samâzan* giróvago y poeta místico cuya obra se considera casi tan fundamental para la cultura y la religión persas como el propio Corán. Sin conocer a Shams no podemos comprender realmente cómo Rumi se convirtió en Mowlânâ, el maestro por excelencia y el título por el que llegó a ser conocido en Irán. Si Shams no hubiera tomado a Rumi bajo su protección y no lo hubiera expuesto a su espiritualidad sin artificios, no tendríamos el inmenso tesoro de la poesía mística persa que ha guiado a muchos de nosotros en nuestra propia búsqueda espiritual personal.

Empecemos por trazar un perfil de este derviche o místico sufí aparentemente loco y errante a partir de la escasa información de que disponemos, procedente en su mayor parte de sus *Maghâlât* o *Discursos*, una recopilación de sus charlas y enseñanzas impartidas en Konya, ciudad situada en la actual Turquía, entre 1244 y 1247. No cabe duda de que en nuestros días Shams de Tabriz merece su propio libro, un libro que pueda interesar a todo el mundo. Como veremos, el *Maghâlât* es el único documento que nos permite conocer de cerca la personalidad de Shams a través de sus propias palabras. En primer lugar, sin embargo, ofreceré una biografía de Shams, así como una visión general de la dinámica sociohistórica de su tiempo, sentando así las bases para un examen de su espiritualidad de vanguardia, que encontraremos en la segunda parte de este libro a través de una amplia selección de sus aforismos más importantes, seleccionados de la versión abreviada del *Maghâlât*.

Tras muchas investigaciones, he llegado a la conclusión de que las fechas ofrecidas por los estudiosos de Rumi para los acontecimientos relacionados con Shams varían y no se puede confiar en que ninguna de ellas sea precisa. Por lo tanto, en aras de la exactitud, mencionaré el año y el mes de cada acontecimiento siempre que sea posible y omitiré el día. En cuanto a la transliteración de las palabras persas, he preferido utilizar la pronunciación persa en lugar de la árabe o turca, utilizando el esquema de transliteración de Iranian Studies, y cuando ciertas palabras ya son conocidas y aceptadas en Occidente, he utilizado esa ortografía.

PRIMEROS AÑOS

Mohammad, hijo de Ali, hijo de Malekdâd, conocido como Shams ed-Din, nació en Tabriz, actual capital de la provincia iraní de Azerbaiyán Oriental, en 1184 (Sâheb-Zamâni 1990, 107). Shams, que en árabe significa «el sol» (Shams ed-Din significa «el sol de la fe»), fue el único hijo de un padre comerciante que lo adoraba y que lo crió con sumo cuidado. Desde muy pronto, Shams dio muestras de ser diferente de los demás niños. Prefería su propia compañía a la de otros niños de su edad y apenas participaba en juegos infantiles, dedicándose a pasar el tiempo con sus libros.

Su padre tenía puestas grandes esperanzas en su hijo y le hizo estudiar árabe, derecho islámico, matemáticas y astronomía con los profesores más eruditos. Se cree que, a los siete años, Shams ya había empezado a memorizar el Corán y poco después se lo sabía de memoria, convirtiéndose en *hâfez* (el que conoce el Corán de memoria). A diferencia de la mayoría de los sufíes de su época, sabemos bastante sobre el principio de la vida de Shams porque en algunos lugares de su *Maghâlât* menciona a su familia. Estos *Discursos*, de los que hablaremos en detalle más adelante, fueron redactados por un *morîd*, o devoto, que presenciaba sus conversaciones, y son nuestra fuente de información más válida sobre él.

Shams describe a su padre como un hombre amable y emotivo cuyas lágrimas brotaban con facilidad. Sin embargo, no da casi ninguna información sobre su madre, cuya personalidad está inmersa en la de su padre. En una ocasión habla de la delicadeza y el amor con que lo educaron sus padres, pero al mismo tiempo los critica, insinuando lo exasperante que es la amabilidad de su padre con un gato que había intentado robarles la comida. En aquella época, la gente no solía tener una buena posición económica y la carne no era un elemento básico de su dieta; de hecho, era un lujo y un auténtico capricho. Era habitual que, cuando se servía carne en una comida, los gatos del lugar se reunieran rápidamente, esperando su oportunidad para abalanzarse sobre ella.

Si un gato derramaba y rompía un cuenco intentando robar la carne, mi padre, sentado a mi lado con su bastón, nunca golpeaba al animal y decía en broma: «¡Mira cómo lo ha vuelto a hacer! ¡Esto es buena suerte! Nos hemos librado del mal. Si no, nos habría pasado algo malo a ti, a mí o a tu madre» (Movahed 2009, 173).

En su adolescencia, Shams comenzó a experimentar estados mentales inusuales, lo que preocupaba a sus padres. Estos curiosos estados de ánimo cobraron aún más fuerza cuando comenzó a asistir y a servir como novicio en *samâ* (ceremonias de baile giratorio), experimentando con el sufismo y sus diversas prácticas espirituales. Estas experiencias influyeron intensamente en su temperamento y en su constitución física y, en especial, en sus hábitos alimenticios: a veces perdía por completo el apetito e incluso era incapaz de tragar como se debe. También dormía muy poco y, sin embargo, se sentía más fuerte y con más energía que nunca. En sus propias palabras:

El «discurso» me ha quitado el apetito; pasan tres o cuatro días sin que sienta hambre. Y mi padre dice: «¡Mi pobre hijo, nada pasa por sus labios!». Pero yo le digo que no me debilito y que mi poder es tal que, si quisieras contemplarlo, podría volar hacia el sol como un pájaro (Movahed 2009, *Khomi az Sharab e Rabani*, 222).

Su pobre padre se preocupaba incesantemente por él, sin saber en qué se estaba convirtiendo su amado hijo único. Le preguntaba a Shams:

—¿Qué te ocurre?

—¡No me ocurre nada! ¿Parezco un loco? ¿Le he arrancado la ropa a alguien? ¿He provocado una pelea contigo?

—Entonces, ¿qué es este estado en el que te encuentro? Sé que no estás loco, pero no entiendo lo que haces, hijo mío (Movahed 2009, 223).

Ali ibn-e Malekdâd, el padre de Shams, estaba familiarizado con las prácticas sufíes comunes de aquella época, ya que Tabriz era conocida como la ciudad de los setenta *bâbâs* (padres), término con el que se designaba a los *shaykhs* (árabe), *morsheds* y *pīrs* (persa), o mentores y maestros sufíes. La situación de Shams, sin embargo, era distinta a la de la mayoría de los sufíes y desconcertaba a su padre, que se preocupaba mucho al ver cómo su hijo se marchitaba.

Shams dice de su padre: «Era un buen hombre... pero no era un amante. Una cosa es un buen hombre y otra un amante... Solo un amante puede conocer el estado de otro amante» (Movahed 1997, 44). Para Shams, estar enamorado era arder todo el tiempo en el fuego del amor.

La relación entre padre e hijo se fue deteriorando gradual pero constantemente, y cuando Shams empezó a darse cuenta de lo diferente que era de su familia, la amabilidad de su padre empezó a parecerle intrusiva e incluso a veces hostil. Esto es lo que dice: «Mi padre no sabía nada de mí. Yo era un extraño en mi propia ciudad y mi padre se estaba convirtiendo en un extraño para mí. Cada día me sentía más distanciado y empecé a pensar que, incluso cuando me hablaba con amabilidad y paternalmente, en realidad prefería pegarme y echarme de su casa» (Movahed 2009, 223).

Sin embargo, los sentimientos de alienación de Shams no afectaron a su confianza en sí mismo ni a su fe en sus propios poderes espirituales. Relata un intercambio con su padre:

> Le dije:
> —¡Déjame decirte solo una cosa! La forma en que te comportas conmigo es como los huevos de pato que se han dejado debajo de una gallina. Los huevos eclosionan y los patitos se dirigen instintivamente hacia el arroyo. Entran en el agua y se alejan nadando, mientras que su madre, una gallina doméstica, solo puede caminar junto a ellos por la orilla, sin posibilidad de meterse en el agua. Padre, ahora veo que el mar se ha convertido en mi portador, en mi hogar. Este es el verdadero estado de mi ser. Si tú vienes de mí y yo de ti, entonces ven al mar; si no, puedes esperar tu momento con las gallinas en su gallinero (Movahed 2009, *Shams e Tabrizi*, 44).

En otra parte del *Maghâlât*, Shams reitera sus sentimientos hacia su padre:

Si no fuera por Mowlânâ, nunca habría vuelto a Konya... Aunque me hubieran traído la noticia de que mi padre se había levantado de la tumba y me hubieran enviado un mensaje para que fuera a verlo y volviera a Damasco con él, ¡ni siquiera me habría planteado ir! (Movahed 2009, 77).

Como no veía otra opción, Ali ibn-e Malekdâd tuvo que dejar que su hijo adolescente se uniera al *shaykh* Abu Bakr Seleh-Bâf en su *khâneghâh* independiente, una casa sufí situada en el barrio de Charandâb en Tabriz. Shams describe a su *pīr* (mentor) como un alma indiferente a los «Señores del Poder y del Oro». Cada vez que los miembros del gobierno querían presentarle sus respetos, los alumnos del *shaykh* exageraban sus actos de devoción hacia el maestro, inclinándose excesivamente y manteniéndose a distancia con las manos cruzadas sobre el corazón, con la intención de menospreciar a los visitantes adinerados.

Shams parece haber adoptado la indiferencia del *shaykh* Abu Bakr hacia la riqueza y la autoridad, además de renunciar a la costumbre popular de participar en ceremonias sufíes especiales. En la tradición sufí, es habitual que, al término de sus estudios, los *shaykhs* inicien a sus *morīds* entregándoles un *khergheh,* el manto del derviche. Sin embargo, Shams insistió en que Abu Bakr no acostumbraba a otorgar los *kherghehs*, subrayando así el hecho de que no se adhería a los rituales habituales. Muchos años después, a Shams se le pidió que revelara su propio *khergheh* y que presentara a su *shaykh* para demostrar que era un derviche realmente iniciado, y respondió con astucia:

¡El Profeta, la paz sea con él, me ha otorgado mi *khergheh* mientras dormía! Y no se trata de uno de esos que se estropean a los dos días y acaban hechos jirones y solo son aptos para limpiar retretes, sino que es un manto de «enseñanzas», enseñanzas que no todo el mundo puede comprender, enseñanzas que no son de ayer ni de mañana. ¿Qué puede tener que ver el amor con el ayer y el mañana? (Movahed 1997, 62).

En la época en que Shams crecía en Tabriz, las dos principales escuelas islámicas a las que pertenecían los habitantes de Azerbaiyán eran la *hanafi* y la *shafi'i*, lo que constituía una importante fuente de discordia y animosidad entre los habitantes. Shams pertenecía a la escuela shafi'i, pero, a diferencia de la mayoría de los hanafíes conservadores, que generalmente menospreciaban los principios shafiíes, Shams estaba abierto a sus principios cuando los encontraba útiles. Más adelante, refutó el fanatismo, enseñando y practicando la tolerancia en la vida cotidiana y fomentando la aceptación y la camaradería entre las distintas facciones del islam. Más tarde transmitió esta actitud a Rumi, que pertenecía a la escuela hanafi. En su juventud, Shams había estudiado jurisprudencia islámica y se había aprendido el Corán de memoria, siendo alumno de las autoridades religiosas de su tiempo. Sin embargo, de joven, cuando en un primer momento se sintió atraído por el sufismo y las prácticas de los derviches, evitaba a los mulás o estudiosos, pues creía que no tenían ningún concepto del misticismo. A medida que pasaba el tiempo y convivía con los derviches, llegó a creer que quizás pasar tiempo con los mulás era más honesto que perder el tiempo con los abundantes místicos fraudulentos, inútiles y aprovechados que no mostraban ningún rastro de espiritualidad en sus vidas. En palabras de Shams:

Al principio no me mezclaba con los eruditos religiosos, solo con derviches, porque pensaba que no eran conscientes de la espiritualidad. Una vez que me familiaricé con lo que era la verdadera espiritualidad y comprendí el estado en que se encontraban esos derviches, preferí estar en compañía de los eruditos islámicos, porque ellos sí que habían experimentado el sufrimiento. Los derviches mienten cuando afirman ser auténticos ascetas, ¿dónde está su ascetismo? (Movahed 2012, 249).

De hecho, parece que este vaivén entre jurisprudencia y espiritualidad continuó a lo largo de la vida de Shams y a menudo creaba confusión entre quienes no lo conocían. No podían comprender ni discernir que su adhesión a las leyes islámicas, que era primordial para su existencia, podía compaginarse con su total devoción al sufismo. Cuenta:

—Le preguntaron a un amigo sobre mí: «¿Es teólogo o derviche?».
Él respondió:
—Las dos cosas.
—Entonces, ¿por qué habla siempre de jurisprudencia?
Él respondió:
—¡Porque la espiritualidad no es un tema del que se pueda hablar en este grupo! Habla en los términos de la

ley porque está ocultando lo que quiere decir y revelando secretos entre líneas (Movahed 1997, 58).

El camino sufí es estrecho, resbaladizo y está lleno de curvas cerradas. Si uno se resbala, a un lado se encuentra el terreno escabroso del celo ascético, la obsesión por negarse a sí mismo cualquier placer y menospreciar el propio cuerpo, y al otro lado está el pozo negro de la corrupción, la pereza y la inutilidad. En el siglo XIII, los persas no solo eran religiosos, sino también extremadamente tradicionales, más que sus vecinos turcos, sirios y mesopotámicos y que los más distantes egipcios. No obstante, la corrupción y el deseo de ascender socialmente eran moneda corriente entre muchos teólogos y eruditos islámicos.

Shams y la mayoría de los sufíes puros de corazón deben haber sido dolorosamente conscientes de esta situación en su Azerbaiyán natal, y sufrían al ver a sus compañeros involucrarse en prácticas de autobombo. En su *Maghâlât*, Shams critica una y otra vez a estos hipócritas y les reprocha que engañen a los jóvenes que buscan su guía: «¡Estos hombres que hablan desde los púlpitos y dirigen las oraciones son los ladrones de nuestra religión!» (Movahed 2009, 212).

«EL VIAJE» COMO MEDIO DE EDUCACIÓN

En la tradición sufí de maestro y alumno, o *shaykh/pīr/ morshed* y *morīd*, en un momento dado, tras haber servido a su mentor durante algunos años y haber completado las etapas preliminares necesarias del *solûk*, o formación sufí, se enviaba al alumno a realizar un viaje. A menudo estos viajes se realizaban sin planificación previa y podían ser el resultado de una sobreexcitación o de excesivos períodos de éxtasis. La separación del mentor tenía por objeto que el devoto se curtiera y nunca se permitía hasta que el *shaykh* estaba convencido de la necesidad de hacerlo. Se suponía que la separación del mentor aumentaría el amor del *morīd* por él, madurando al mismo tiempo al pupilo para evitar que lo necesitara y enseñándolo a valerse por sí mismo, pues ya no disfrutaría de la protección que hasta ese momento le había ofrecido su *shaykh*. Tal vez Shams estuviera recordando su propia experiencia cuando le dijo a un *morīd*:

> Me preocupo por ti en esta hora porque, inconsciente de las dificultades de la separación, estás durmiendo felizmente a la fresca sombra de la compasión de tu *shaykh*. Con un movimiento en falso puedes perder esta misericordia y después solo podrás soñar con recuperarla; tampoco podrás volver a ver a tu *shaykh* si esa no es su voluntad, ya sea mientras duermes o estando despierto. La esperanza es valiosa y sabia cuando la posibilidad de alcanzar lo esperado es real; de lo contrario, ¿de qué sirve? (Movahed 2009, 67).

La idea del viaje simbolizaba el viaje interior y la búsqueda constante de lo divino y de la perfección. Shams admite: «Cuando el *morīd* aún no se ha perfeccionado, no es prudente que se separe de su *shaykh*. Pero cuando se convierta en un sufí perfecto, la ausencia de su mentor no le causará ningún daño» (Movahed 2012, 144-45).

La importancia de estar separado de su querido *morshed* o *shaykh* se hace evidente en la relación de Shams con Rumi muchos años después, cuando le dice que él mismo tolerará las dificultades del viaje por el bien de Rumi, porque no puede esperar que este, que tenía muchas responsabilidades sociales y familiares, simplemente recoja sus bártulos y se vaya de la ciudad:

«Si pudieras hacer algo para que yo no tuviera que marcharme por tu bien y pudiéramos conseguir lo necesario sin necesidad de viajar, valdría la pena, porque no puedo ordenarte que te marches. Por lo tanto, yo mismo me encargaré de soportar la molestia de viajar, porque la separación nos hace madurar. Al estar separados, uno empieza a pensar en todas las cosas que debería haberse dicho abiertamente y en lo fácil que habría sido ser franco en lugar de decirlo todo en acertijos en un esfuerzo por evitar la discordia. Habría sido mucho más fácil que tolerar las dificultades del viaje y estar separados. Si es necesario, haré cincuenta viajes por tu bien, ¡qué más me da irme o no! Todo esto es para que tú mejores; por lo demás, ¿qué más me da estar en Rûm o en Damasco, en La Meca o en Estambul? Para mí no hay diferencia, aparte de que viajar hace madurar a la persona en muchos sentidos» (Movahed 2009, 74-75).

Estos extensos viajes, durante los cuales los sufíes abandonaban sus hogares y familias, estaban mal vistos por los líderes islámicos clásicos y la ley (*sharia*) no los consideraba convenientes. Sin embargo, los maestros sufíes creían que este abandono del hogar y de la vida en general era necesario para la educación de sus alumnos, ya que, tras renunciar a todo lo que les era familiar, se volvían hacia Dios. Al transitar horizontes desconocidos, solos y oprimidos, a menudo en la oscuridad de la noche, solían experimentar visiones increíblemente profundas y significativas y adquirían perspicacia espiritual. Así, los viajes, considerados como una forma de forjar el carácter, con frecuencia se convirtieron en una parte esencial de la educación sufí, durante la cual el *morīd* se «cocinaba» estando separado de su amado maestro, que hasta entonces lo había cuidado espiritualmente.

LA BÚSQUEDA DEL *SHAYKH* PERFECTO

En Tabriz, los grandes maestros espirituales de la época de Shams eran, en su mayoría, lo que él denomina *ommis,* es decir, que no estaban necesariamente instruidos y habían recibido su sabiduría directamente de fuentes espirituales en lugar de estudiar libros e ir a la escuela. Eran *majzoubs,* locos por el amor de Dios, casi encantados, y unos pocos eran capaces de entrar en estados de conciencia inusuales y de comportarse de forma bastante imprudente. Su conocimiento era innato y, aunque algunos eran analfabetos, tenían más sabiduría que la mayoría de los *shaykhs* cultos. Shams debió conocer a muchos y tal vez se sintió cerca de ellos. No obstante, cuando tenía unos veinte años decidió abandonar Tabriz para ir en busca de un *pīr* superior, o tal vez fue enviado a viajar lejos por el *shaykh* Seleh-Bâf después de haber completado su formación sufí inicial (Movahed 1997, 83).

Años después, le confesó a Rumi que Seleh-Bâf le había enseñado muchas cosas, pero no se había dado cuenta de la gema que había en su ser, y Rumi sí. De hecho, Shams acabó encontrando al *shaykh* perfecto en sí mismo y fue capaz de transferir esa perfección a Rumi cuando finalmente se unieron. La «necesidad» esencial que tiene la persona de encontrar la verdad de la vida se había convertido en algo primordial en la existencia de Shams y, aunque aún era muy joven, era muy consciente de que necesitaba la ayuda de un maestro superior que lo guiara. Dice:

El mundo no carece de un *shaykh* perfecto, y yo abandoné mi ciudad natal en busca de un hombre así. Sin embargo, no lo encontré, ni siquiera uno que pudiera permanecer indiferente a las habladurías de la gente, que es el primer paso en el viaje de cien mil años hacia la perfección. Sin embargo, al final encontré a Mowlânâ, que encarnaba la perfección, y precisamente por eso decidí sentarme a conversar con él y decidí trasladarme de Alepo a Konya (Movahed 1997, 65).

Después de abandonar Tabriz, Shams viajó mucho, ganándose el título de «Shams volador». Algunos lugares que se sabe que visitó y en los que se alojó son Bagdad, Damasco, Alepo, Kayseri, Aksaray, Sivas, Erzurum y Erzincan (Movahed 1997, 67). Shams se negó a quedarse en los *kâneghâhs*, donde su alojamiento y manutención habrían sido gratuitos, y prefirió acudir a caravaneras de pago y ganarse el sustento enseñando a alumnos jóvenes. Esto no le daba mucho dinero, pero era una profesión respetable. De hecho, Shams había desarrollado un método que le permitía enseñar todo el Corán a un joven alumno en solo tres meses. La enseñanza, sin embargo, requería largas estancias en un lugar, y Shams había logrado hacerlo en Damasco y Alepo, pero cuando optaba por no permanecer mucho tiempo en otras ciudades, tenía que ganarse la vida de otra manera.

Mientras que de joven solía realizar trabajos manuales hasta altas horas de la noche a pesar de su fragilidad general, se sabe que tejió fajas para pantalones en sus últimos años. Confiesa que había ido a Erzincan a buscar trabajo de albañil, pero que, debido a su débil constitución, nadie quería contratarlo. Durante sus estancias en varias ciudades tuvo muchas dificultades, ya que era demasiado honesto y, como hablaba con franqueza, se negaba a elogiar a los que consideraba indignos. Se le consideraba demasiado pobre y débil para ser respetado y a menudo lo echaron literalmente de la ciudad.

En muchas ocasiones, cuando se encontraba sin un céntimo, buscaba refugio para pasar la noche en las mezquitas y, para su consternación, descubría que la casa de Dios no era realmente el dominio del Todopoderoso, sino que tenía un cuidador humano que necesitaba satisfacción monetaria; por lo tanto, se lo rechazaba incluso en las mezquitas. A menudo, cuando hablaba árabe, la gente lo menospreciaba por su acento turco de Tabriz y lo llamaban ¡culo loco! (Sâheb-Zamâni 1990, 83-84).

Tolerando las injusticias de las que era objeto por parte de gente poco inteligente y experimentando a veces la pobreza total y absoluta y la falta de hogar, Shams siguió venerando la vida y se negó a ver otra cosa que no fuera belleza en el mundo, aunque se mostraba cauteloso a la hora de revelar su verdadero yo a personas que consideraba incapaces de comprenderlo. Decía: «Cuando estoy alegre, aunque el mundo entero estuviera sumido en la tristeza no me afectaría, y si estuviera triste, tampoco permitiría que nadie se sintiera afectado por mí» (Movahed 2009, 143).

AÑOS FORMATIVOS

Shams sentía una hermandad inquebrantable con los pobres y oprimidos, con los que habían sido rechazados por la sociedad y desechados por los ricos; se consideraba su pariente. Observó la injusticia, la desaparición de los principios y la moralidad en todos los niveles de la sociedad y en privado sufrió al ser testigo de la innecesaria miseria de las masas. Cuestionó abiertamente que la empatía y el amor estuvieran mal dirigidos, al tiempo que apuntaba con el dedo a los culpables.

En el mundo de Shams se lloraba por los vivos, no por los muertos. Aunque no estaba dispuesto a servir de guía a la gente corriente y poco inteligente, Shams se consideraba responsable de señalar la verdad a los *shaykhs* mientras buscaba entre ellos al «hombre perfecto» (Sâheb-Zamâni 1990, 389). De hecho, Shams no utilizó el término «hombre perfecto», sino que empleó otros como *shaykh* perfecto, los perfectos, los perfectos y los imperfectos, los especiales, la perfección o el especial de Dios, todos los cuales hacen referencia a la madurez última del ser humano, digna de admiración, alabanza y respeto (Sâheb-Zamâni 1990, 580-81).

Aun reconociendo la rareza del hombre perfecto, Shams sostenía que su personalidad tendría que abarcar catorce atributos esenciales:

1. Sabiduría y razón.
2. Visión interna.
3. Conciencia de la época.
4. Conciencia del Ser.
5. Autocontrol.
6. Riqueza espiritual.
7. Equilibrio espiritual.
8. Claridad en el discernimiento.
9. Autoayuda y autodeterminación.
10. Conciencia social.
11. Abnegación.
12. Libertad y fomento de la independencia.
13. Humildad, pero combatividad ante la injusticia.
14. Ejercer la ausencia de juicio.
15. Amor e idealismo.
16. Autenticidad y creatividad.
17. Perseverancia y estabilidad (Sâheb-Zamâni 1990, 583).

Ocultarse detrás de la enseñanza a alumnos jóvenes y permanecer misteriosamente desconocido para sus compañeros era una práctica común entre los maestros espirituales, y Shams era un experto en ello. Tampoco dudaba a la hora de realizar trabajos manuales para ocultar su identidad y desaparecía de cualquier ciudad si sentía que había sido reconocido como un sufí de alto rango; tal vez esta sea otra razón por la que llegó a ser conocido como «Shams volador».

En un episodio relatado por Fereydoun Sepahsâlâr, uno de los principales biógrafos de Rumi, durante su estancia en Damasco, Shams compraba en una tienda la mínima cantidad posible de estofado de cordero, remojaba en él pan seco y vivía de ello durante toda una semana. Al cabo de un tiempo, el dueño de la tienda se dio cuenta de que estaba ayunando intencionadamente y que debía de ser un *derviche* de alto nivel. La siguiente vez que fue a comprar su ración semanal de estofado, el dueño se aseguró de darle una cantidad mayor y añadió dos barras de pan fresco a su pedido. Shams se dio cuenta de que su ocultación había sido descubierta y al día siguiente abandonó la ciudad (Sâheb-Zamâni 1990, 29).

A diferencia de Shams, había muchos *shaykhs* sufíes que no ocultaban su identidad y vivían vidas productivas en la sociedad. Algunos de sus contemporáneos que se ganaban la vida con trabajos regulares, en lugar de vivir de sus discípulos, eran el *shaykh* Seleh-Bâf, que tejía cestas; Ajbâdi, que tenía un taller de tejidos de seda; y Attâr, que tenía una farmacia. Los sufíes solían tener títulos que reflejaban sus profesiones, como tendero, mercero, fabricante de alforjas, alfarero, jardinero, pescatero, vidriero, ferretero, calígrafo, profesor, etc.

Surgidos de entre las masas, estos maestros sufíes atraían a la gente corriente porque hablaban en un lenguaje que podían entender, el lenguaje cotidiano de la calle. No solo eran honestos y accesibles, sino que también eran del pueblo y hablaban con amabilidad a los que estaban a su cargo sin alardear de sus conocimientos. Gestionaban su sufismo combinando la oración y la fe con la música y el *samâ,* lo que atraía a las masas que buscaban alivio del comportamiento dictatorial de sus gobernantes.

Si Shams dejó Tabriz a los veinte años y llegó a Konya para encontrarse con Rumi a la madura edad de sesenta años, debió pasar los cuarenta años intermedios viajando de un lugar a otro, pero no podemos estar seguros del número de años que pudo haber pasado en una ciudad concreta. Durante estos viajes conoció a muchos grandes hombres de su época y pasó tiempo con ellos en sus reuniones y clases. Uno de ellos era Shahâb Heriveh (o Heravi) de Damasco, a quien Shams llamaba a veces «Khorâssani»:

> Shahâb nunca aceptaba a nadie en sus reuniones privadas. Decía: «Gabriel es una carga para mí, ¡incluso yo mismo soy una carga para mí!». Sin embargo, a pesar de su desagrado por la compañía, me decía: «Tú puedes venir porque traes paz a mi corazón» (Movahed 1997, 85).

Otros renombrados contemporáneos iraníes de Shams son Khajeh Abdollah Ansâri, Abol Hassan Kharaghâni, Bayazid Bastâmi y Baba Taher Oriyân. Muy apreciado por Shams, el célebre Fakhr-e Râzi, contemporáneo de Shahâbeddin Yahyâ Sohrevardi, con quien compartió el mismo maestro, Majd-e Gilâni, fue un filósofo de éxito, popular entre los gobernantes de la época. Sin embargo, presa de su orgullo, no respetaba a muchos de sus contemporáneos, lo que le granjeó celos y antipatía. Para descontento de sus admiradores, poco antes de morir, en su testamento, refutó todas sus investigaciones y escritos, lo que les restó cualquier valor que pudieran tener.

Shams también era un gran admirador de Sohrevardi, o *Shaykh*-e *Eshrâgh*, que había escrito *Hekmat-ol Eshrâgh*, una síntesis sobre los maestros sufíes orientales, y más específicamente, de los iraníes y de su pensamiento. Sohrevardi fue estrangulado por herejía a la edad de treinta y seis años, habiendo escrito ya más de cincuenta tesis y libros filosóficos. Shams veneraba asimismo al *shaykh* Mohammad, también conocido como Mohiyeddin Mohammad o *shaykh* Akbar, pero al que se conoce en Occidente como Ibn Arabi, que debía de ser veinte años mayor que él y era cercano a Shams de Khuy, a cuyas clases privadas asistió Shams en Damasco. Shams acabó por abandonar a Shams de Khuy, declarando con bastante suficiencia:

> Dejé al jurista Shams al-Din porque ya no podía enseñarme. Él me dijo:
> —No puedo avergonzarme ante Dios. Él te ha creado con perfección; yo veo una gema preciosa y soy incapaz de añadir nada a su belleza (Movahed 2012, 221).

Ibn Arabi era uno de los maestros sufíes más respetados de la época y se le consideraba un personaje excepcional cuya grandeza no tenía parangón entre sus contemporáneos. Shams se refirió amablemente a él como un «simpatizante amabilísimo», un «excelente compañero» y, sobre todo, «una montaña, una gran montaña». Ibn Arabi, que también conocía bien a Shahab Heravi y había soñado con la muerte de este, sentía un gran afecto por Shams y solía llamarlo «hijo» o «hermano» (Movahed 1997, 101).

Sin embargo, cuando Shams conoció a Rumi años más tarde, admitió: «*shaykh* Mohammad (Ibn Arabi) rezaba constantemente y se declaraba seguidor del Profeta. Aprendí mucho de él, ¡pero nada en comparación con lo que he aprendido de ti, Mowlânâ! Es como comparar guijarros con perlas» (Movahed 2009, 144).

Ohad al-Din Kermâni era otro *pīr* y contemporáneo de Shams, aunque mucho mayor, y estaba ansioso por reclutarlo para su círculo. Pero Shams sospechaba que le gustaban demasiado los discípulos jóvenes y guapos, tendencia que él aborrecía. Shams relató:

> Este *shaykh* me llevó con él a la ceremonia del *samâ* y me mostró mucho respeto, y me invitó a sus sesiones privadas. Un día me preguntó:
> —¿Y si vienes y pasas un rato conmigo?
> Le respondí:
> —Lo haré si aceptas traer dos copas de vino, una para mí y otra para ti, y cuando empiece el *samâ* beberemos por turnos.
> Me dijo:
> —¡No puedo!
> Le dije:
> —Entonces mi compañía y mi conversación no son para ti. Deberías estar dispuesto a renunciar a tus discípulos y al resto del mundo por esta copa de vino (Movahed 1997, 95).

Evidentemente, se trataba de una tarea imposible para el respetable y anciano *shaykh*, pero Shams sabía lo que hacía: quería acabar con toda esperanza de que este *shaykh* se vinculara con él, y por eso le propuso este reto inalcanzable. También quería demostrar su propio estado de *lâobâlī*, o despreocupación, no solo mostrando el mínimo respeto por las normas sociales superficiales, sino esforzándose por exagerar su aversión y desprecio hacia ellas.

Shams se refiere a Ohad al-Din en su *Maghâlât* cuando habla de las cuatro etapas de la «embriaguez espiritual» o el crecimiento espiritual, proponiendo que el *shaykh* y sus *morīds* estaban atrapados en el reino de la «embriaguez de aire», la primera de las cuatro etapas. Estar «ebrio de aire» no significa necesariamente estar ebrio del mundo del oro, las mujeres y el materialismo en general, sino más bien encontrarse en un estado de desasosiego o desorden marcado por la pérdida del yo, un estado que a menudo experimentan los monjes y yoguis jóvenes y quienes han abandonado el mundo material y sus placeres físicos.

En una ocasión, cuando Shams vio a Ohad al-Din mirando fijamente a un barreño, le preguntó qué estaba haciendo, y el *shaykh* respondió:

—Observo el reflejo de la luna en el agua.

Shams replicó:

—Si no tienes tortícolis, ¿por qué no miras directamente a la luna? ¡Tienes que encontrar un médico que te cure! (Movahed 1997, 96).

MADUREZ ESPIRITUAL

Es obvio que Shams no consideró que Ohad al-Din estaba entre los «hombres perfectos» que buscaba, y llamó a la primera etapa del crecimiento espiritual *Ohad-aneh*, aludiendo y menospreciando la espiritualidad joven e inmadura de

Ohad al-Din. Según Shams, las cuatro etapas de la «embriaguez espiritual» son:

1. Embriaguez en el mundo de aire, que alude a un estado de la imaginación en el que hay muchas posibilidades de extraviarse.
2. Embriaguez en el mundo del espíritu, que alude al estado de conocimiento.
3. Embriaguez en el camino hacia Dios, que alude a otro estado de imaginación en el que no hay posibilidades de extraviarse.
4. Embriaguez en Dios, que alude a abrir los ojos.

La primera etapa de «aire» es el dominio de la «imaginación», donde la posibilidad de cometer errores es enorme. A continuación viene la etapa del «conocimiento», que ofrece cierto grado de certeza espiritual y a la que le sigue otro estado de «imaginación» que no ofrece la posibilidad de cometer errores; y, finalmente, llega el estado de «abrir los ojos».

Cuando Shams habla de «imaginación» se refiere a una fuerza interior y a un poder innato que guía nuestra vida, pero que aún no ha madurado del todo, como la vida de un niño, propenso a tropezar y a lastimarse. En la etapa del «conocimiento», el niño sigue necesitando una niñera que lo cuide y lo ayude a valerse por sí mismo, enseñándole a distinguir entre el bien y el mal hasta que alcanza la madurez o la etapa de «abrir los ojos», que hace alusión al desarrollo de la plena comprensión y a conseguir la perfección (Movahed 1997, 96).

Los dos conceptos principales a los que Shams aconseja adherirse en el camino místico son «la embriaguez espiritual» y «seguir al profeta». Someterse y ser discípulo del Profeta y de nuestro propio *pīr* es uno de los pilares del islam y del sufismo. Tal era la devoción de Shams por el Profeta que admitió: «¡No me inclino ante el Corán porque sean las palabras de Dios, sino porque las ha pronunciado el Profeta Mahoma!» (Movahed 1997, 117).

Shams era muy consciente de la posibilidad de caer en falsas trampas al familiarizarse inicialmente con el sufismo, y de confundir esas trampas con la gloria del verdadero camino, simbolizado por el Profeta. Advirtió de los peligros de la imitación, siempre al acecho en el trasfondo, que puede convertir el deseo de misticismo en un culto a la personalidad, confundiendo el estado inicial de «embriaguez» con el estado espiritual último:

> Todos los casos de deshonestidad y corrupción que ocurren en el mundo son el resultado de que alguien imita a otro, ya sea copiándolo o refutándolo. La imitación hace que la persona se caliente y se quede fría, ya que se encuentra con algo diferente cada día. Si en una ocasión se encontrara con la verdad y deseara cambiar de opinión sobre un asunto en el que previamente se equivocó, deberá ocultarlo, porque de otro modo la gente sabrá que hasta entonces había estado imitando a otros. No revelará nada porque se arriesga a perder la confianza de la gente, así como toda confianza en sí mismo (Movahed 2009, 73).

La embriaguez espiritual es un estado de desinterés por uno mismo en el que un guerrero espiritual adopta de manera natural el fatalismo. Cada una de las cuatro etapas de la espiritualidad de Shams encarna cierto grado de embriaguez acompañada de fatalismo; sin embargo, él considera el fatalismo como un episodio de debilidad en nuestro viaje que debe superarse para alcanzar la conciencia perfecta que se encuentra más allá de él. Los poetas hablan del hombre que mata al vino, mientras que Shams habla del vino que mata al hombre: «Cuanto más bebe, más consciente se vuelve; bebe hasta el límite y aún se vuelve más consciente, ¡provocando que el mundo entero y el universo se vuelvan completa y total consciencia!» (Movahed 1997, 119). Él insiste en que la gente bebe vino para emborracharse, pero él pertenece al reino del «Amor», ¡y está borracho todo el tiempo!

Para Shams, el modelo perfecto de esta conciencia fue el profeta Mahoma, y creía que seguirlo lo llevaría a uno a un estado de perfección o conciencia más allá de la embriaguez. Esta devoción tenía que consumarse para alcanzar el objeto de nuestro deseo, donde por fin podía discernirse la luz que brillaba en los ojos del Profeta. En este estado ya no hay «yo» ni «mí», pues uno se ha disuelto en la Verdad. La esperanza era el único consuelo, y el corazón esperanzado era, en efecto, el nido de la «Unión».

El camino de Shams difería del de otros sufíes, que se perdían con facilidad en sus primeras experiencias esotéricas, bien fingiendo la «ausencia del yo», o bien creyendo realmente haberla alcanzado, y gritando y chillando incontrolados en su delirio. Shams consideraba que el hecho de que el Profeta hubiera llegado a la fe a la edad de cuarenta años era un signo de su madurez, a diferencia de la supuesta sabiduría y autoconocimiento de Jesús de Nazaret a una edad muy temprana. Shams seguía al Profeta, y este no realizaba retiros de cuarenta días ni se abstenía de llevar una vida normal. Asimismo, Shams insistía en que uno no debía evitar vivir entre personas normales, pero que uno debe dirigir su vida de tal modo que no sea uno *con* la multitud, sino solo uno *entre* ellos.

Un asceta que vive en una cueva es un montañés y ya no es un ser humano, porque, si lo fuera, viviría entre hombres inteligentes y dignos de la sabiduría de Dios. ¿Qué hace un hombre viviendo en una cueva? Si el hombre fuera de barro, se sentiría atraído por las rocas, pero ¿qué puede querer el hombre de las rocas? No entres en *khalvat* o reclusión y soledad; sé un individuo en medio de la multitud, pero permanece solo y recuerda que el Profeta dice: «En el islam no hay monasticismo» (Movahed 2009, 214).

Aunque Shams propuso que no se debía renunciar a vivir entre la gente, por lo que sabemos, él consiguió ocultar su verdadero ser toda su vida, excepto cuando estuvo en Konya con Rumi. Aunque autosuficiente, en términos emocionales seguía sintiéndose enfadado, insatisfecho, ensimismado e inquieto, incluso cuando estaba en compañía de Rumi (Sâheb-Zamâni 1990, 162).

Era un hombre impaciente que no buscaba audiencias ni «clientes» y no tenía ninguna necesidad de engañar al público. Su método era el opuesto de la norma; creía que la presa debía buscar al cazador y no al revés. Elegía a su propio público y no perdía el tiempo simplificando su discurso a fin de que fuera comprensible para un nivel de inteligencia inferior; sus palabras solo eran aptas para los *shaykhs* y los oídos sufíes de alto nivel (Sâheb-Zamâni 1990, 124). No obstante, era un hombre realista y no se adhería a principios inflexibles sobre lo correcto y lo equivocado. Para él, cometer un pecado y realizar un acto beneficioso eran comportamientos relativos que debían considerarse en sus distintos contextos: «Cada persona solo comete la transgresión que es digna de ella; para una persona es ser un granuja y cometer actos de libertinaje, ¡mientras que para otra es estar ausente ante Dios!» (Movahed 2009, 107).

En contra del concepto general de que el mundo contiene aspectos que son estrictamente buenos o estrictamente malos, Shams creía que la bondad o maldad dependían del propio criterio del hombre, ya que en última instancia somos responsables de determinar nuestros propios valores y de elegir lo que es malo y perjudicial, o bello y valioso. El hombre, por tanto, es responsable no solo de establecer normas y valores en el mundo, sino también de destruirlos; así, lo que podría ser *harâm* o inaceptable en un caso podría ser completamente *halâl* o aceptable en otro (Sâheb-Zamâni 1990, 149).

LA ATMÓSFERA SOCIOHISTÓRICA DE RÛM

A mediados del siglo XIII hubo una época de migraciones y desplazamientos, ya que las invasiones mongolas estaban devastando toda la región que hoy conocemos como Oriente Próximo. Konya, la capital del sultanato selyúcida en la región entonces conocida como Rûm, en Anatolia central, era un centro multiétnico y multirreligioso donde a menudo se traspasaban fronteras. Entre sus habitantes había persas, turcos, griegos, árabes, kurdos, armenios y judíos, entre otros, de diversas clases sociales, algunos con un alto nivel educativo y otros totalmente analfabetos (Pifer 2014, 29, 32).

Durante esta época, los gobernantes regionales de Rûm animaron a carismáticos maestros sufíes a emigrar allí y a cultivar su propio patrimonio religioso y cultural, pero también a ayudar a integrar la heterogénea afluencia de inmigrantes en la sociedad local tras la invasión mongola. La invitación al padre de Rumi, Baha'eddin Valad o sultán ol-Ulama («Maestro de todos los eruditos»), para que fuera desde Korasan en medio de esta agitación regional y estableciera su escuela en Konya a fin de predicar y organizar un seguimiento son ejemplos de esta política (Pifer 2014, 32, 33).

De hecho, el padre de Rumi había recibido una oferta similar de los grandes de Damasco, pero la había rechazado por considerar que el ambiente de esa ciudad era moral y socialmente corrupto y le resultaba imposible tolerar la omnipresente represión de los gobernantes de la ciudad. Había tenido que abandonar a regañadientes su ciudad natal de Balkh, en el actual Afganistán, con su familia y sus seguidores a causa de la crueldad de Jârazm Shah y no estaba dispuesto a sucumbir ante otro gobernante despiadado y vengativo.

La era de Shams fue una época de guerras, hambrunas, terremotos, cólera y destructivas disputas por el poder entre las naciones de la región. En una época en la que reinaba el dinero y la gente era pobre y pasaba hambre, engañada por sus gobernantes y aterrorizada por los mongoles invasores, no es de extrañar que perdieran la fe en sus protectores y en su sistema de justicia y se sintieran atraídos por los sufíes y su promesa de espiritualidad (Sâheb-Zamâni 1990, 231-36). En el sufismo esperaban alcanzar la promesa dorada del amor eterno y confiaban en que limpiara sus corazones de ira, prejuicios y odio, creando paz y seguridad e iluminando así el camino de la vida aquí y en el más allá.

SHAMS EN KONYA

Cuando Shams llegó a Konya en octubre de 1244, desde que había dejado su Tabriz natal llevaba cuarenta años buscando un compañero con el que compartir su perspicacia y sabiduría. Vemos que, en el *Maghâlât*, dice que había suplicado a Dios que le permitiera encontrar y relacionarse con sabios con los que pudiera interactuar intelectualmente. Para Shams, el sufismo era una religión de amor y necesitaba conversaciones inteligentes con hombres que supieran lo que implica el amor espiritual: «Necesitaba a alguien de mi propio calibre para poder hacer de él una Meca y volverme hacia él, pues me había cansado de mí mismo» (Movahed 2009, 98).

Tuvo un sueño en el que le decían que se reuniría con un *valī*, o representante de Dios en la tierra, en Rûm, pero que tendría que esperar, pues aún no era el momento adecuado. Al menos quince o dieciséis años antes de su unión definitiva en Konya, Shams había conocido a Rumi, probablemente en Damasco, e incluso había hablado con él: «Mi corazón se decidió por ti desde el principio, pero en nuestra conversación me di cuenta de que aún no estabas preparado para escuchar mis secretos. Entonces no estabas en el estado mental adecuado, pero ahora es el momento» (Movahed 2009, 170).

Esto es lo que confesó a Rumi cuando se reunieron: «El propósito de la creación es que dos amigos se unan y se sienten uno delante del otro para encontrar a Dios lejos de todas las tentaciones. El propósito de la creación no es el pan o el panadero, la carne o el carnicero; ¡es este momento en el que estoy en compañía de Mowlânâ!» (Movahed 2009, 174). Para Shams, el «Amor» era el reflejo de la belleza de Dios. Creía que todo lo que Dios había creado procedía de la esencia de su propia e incomparable belleza y solo se podía empezar a comprender el «Amor» espiritual cuando se vislumbraba esa belleza original y eterna.

En tiempos de Shams, las calles de Konya debían estar adornadas con una variedad de procedencias étnicas, cada una vestida con su estilo particular de ropajes y sombreros coloridos. Las callejuelas sin pavimentar de la periferia eran tan estrechas que apenas podían pasar dos personas sin rozarse. Los barrios de los comerciantes, donde la gente hacía sus compras diarias, eran también el eje de una gran actividad social. Según una fuente (Fereydoun Sepahsâlâr), cuando Shams llegó a Konya, se instaló en una caravanera del barrio de los comerciantes de arroz siguiendo su costumbre, y según otra (Ahmed Aflâki), en el barrio de los comerciantes de azúcar.

Como estos dos eruditos están separados por una distancia de ciento veinte años, probablemente podemos asumir que, en el ínterin, el barrio del arroz había cambiado a ser el barrio del azúcar. Hoy no queda nada de él, pero entonces era una zona de pequeños puestos y cabinas donde estudiosos e intelectuales se reunían y conversaban.

Aproximadamente un mes después de su llegada a Konya, Shams estaba sentado en una de estas cabinas cuando Rumi llegó, supuestamente a caballo y con su séquito, y tomó asiento frente a él. En el pasado, este lugar se conocía como Marj al-Bahrayn, o el lugar de encuentro de dos mares; estas palabras están tomadas de un versículo coránico de la sura de al-Rahmân. *Marj* significa «mezclar empleando un esfuerzo externo» o «retirar las fronteras para que dos cosas puedan mezclarse de manera natural». En el Corán, este versículo se refiere a la mezcla de dos mares, uno salado y el otro dulce, que se dejan a sí mismos para que puedan mezclarse y conservar su propia integridad y características específicas, incluidos su propio color y sabor (Movahed 1997, 108).

Shams dice en el *Maghâlât,* que es la fuente más fiable con respecto a este encuentro, que planteó una pregunta a Rumi refiriéndose a Bâyazid Bastâmi, el maestro sufí iraní. Le preguntó a Rumi:

—¿Por qué dijo Bâyazid: «Gloria a mí, cuán grande es mi majestad» en lugar de «No Te conocemos como corresponde», como solía decir el Profeta cuando rezaba a Dios? Bâyazid creía que había encontrado a Dios y se consideraba completo, por lo que dejó de buscar la mejora de su estado espiritual. Sin embargo, el Profeta, después de haber alcanzado la perfección espiritual, siguió buscando hasta su última hora, tratando de encontrarse con la grandeza de Dios cada vez con mayor intensidad, y aun así dijo que no percibía a Dios como Le corresponde.

Rumi, que era un auténtico perfeccionista, comprendió de inmediato a qué se refería Shams y a dónde conducía esta pregunta. Shams dice que, en ese momento, Rumi se «emborrachó» con el significado de esas palabras y comenzó su amistad única. Inicialmente, rehuyeron la compañía de todos los demás y se sentaron en *khalvat*, o en privado, durante tres meses, evitando toda interrupción por parte de los estudiantes y seguidores de Rumi (Sâheb-Zamâni 1990, 20).

EL *MAGHÂLÂT* O LOS *DISCURSOS* DE SHAMS

Hasta que el *Maghâlât* de Shams fue descubierto y recopilado en su totalidad en 1970 —primero por Ahmad Khowshnevis, después por Nasseredin Sâheb-Zamâni en *The Third Script* de 1972, y por Mohammad Ali Movahed en la edición final de 1977 (Lewis 2000, 136)— era literalmente imposible hacer cualquier suposición válida sobre la vida y el carácter de Shams. Algunos creían que ni siquiera había existido y que solo era el producto de la imaginación de Rumi.

La copia original del *Maghâlât* estaba en posesión de Rumi, que había hecho anotaciones en los márgenes. Más adelante, el escriba que copió esta colección para ser estudiada por los *morīds* transcribió fielmente las notas de Rumi, marcándolas con tinta roja. Rumi y sus seguidores hablaban del *Maghâlât* de Shams como «los secretos de Shams», y debieron referirse a ellos repetidamente en los años posteriores a su desaparición (Movahed 2008, 360).

El *Maghâlât* es una colección de dichos de Shams durante su estancia en Konya que incluye sus pensamientos, consejos, anécdotas, declaraciones sobre sí mismo y sus estados de ánimo, sus sentimientos sobre su relación con Rumi, sus opiniones sobre otros sufíes y eruditos y su comprensión sobre la gente en general y algunas personas en particular. Nos muestran que Shams no solo pasaba tiempo en compañía de Rumi, sino también con otros maestros sufíes de Konya, y podemos deducir del texto que Rumi no siempre estaba presente en esas conversaciones. Como ya se ha dicho, el *Maghâlât* no fue escrito por Shams, sino compilado a partir de notas tomadas por un seguidor que estaba presente en el círculo cerrado de estas conversaciones íntimas. Estas notas nunca se editaron para su publicación y se conservaron hasta el siglo xx en forma de anotaciones desordenadas. No obstante, algunas partes se leen sin problema y se cree que debieron ser redactadas por el propio Shams. Sin embargo, el *Maghâlât* se presenta principalmente como un conjunto de discursos inconexos, escritos en un lenguaje sencillo y coloquial, a menudo entorpecido por una gramática defectuosa en la que a veces los sujetos de las frases no están claros y el contexto es difícil de captar.

Con frecuencia, Shams hablaba en parábolas para aludir a un asunto y tendía a saltar de un tema a otro sin concluir ninguno de ellos, lo que dificulta la comprensión. No se sabe con certeza si la aparente disparidad del texto se debe a la lentitud del escriba o a la presentación desordenada de Shams; ni siquiera estamos seguros de si las conversaciones se mantuvieron en secuencia tal y como aparecen en el *Maghâlât* o si se introdujeron arbitrariamente, o si tuvieron lugar a lo largo de minutos, horas o días.

La versión abreviada del *Maghâlât* del doctor Movahed, titulada *Khomi az Sharâb-e Rabani* (*Una copa de vino divino*), en la que aclara muchas cuestiones simplemente utilizando signos de puntuación (desconocidos en la antigua tradición de escritura persa), hace que la obra sea mucho más fácil de entender y, por tanto, de admirar, a pesar de las dificultades estructurales del texto.

Shams utiliza muchos poemas para demostrar sus puntos de vista, pero ninguno de ellos es suyo y la mayoría no son representantes excepcionales del mejor verso persa. Cuando decidía hablar, sus palabras a menudo estaban envueltas en un humor que ocultaba su significado; él confesó esta táctica afirmando que su público era incapaz de digerir su discurso sin adulterar. Otras veces se mostraba intencionadamente sarcástico para subrayar un punto determinado. Su humor no se dirigía a su público como individuos, sino a la falta general de sustancia, a la ausencia de principios y a la destructividad de los prejuicios humanos; sus objetivos eran los ideales y las causas imperfectos, no las personas individuales.

Shams era un hombre introvertido, lleno de secretos y cómodo con su vida interna, que había elegido protegerse de las masas «ocultándose» y «poniendo a prueba a la gente», los dos principios por los que regía su vida (Sâheb-Zamâni 1990, 134-35). Su comportamiento, por el que se consideraba apartado y superior a los demás en general, junto con su implacable confianza en sí mismo, su mal genio y su orgullo, hicieron que no simpatizara con muchos y le distanciaron de los corazones de la gente. Sin duda, los tiempos tumultuosos que le tocó vivir contribuyeron a su hábito de ocultar su verdadero yo, y confiesa: «¡A veces no hay más remedio que callar y rendirse!» (Movahed 2009, 59).

Movahed cree que, por el tono de la voz de Shams, debía de conocer al padre de Rumi (Baha'eddin Valad) y a sus compañeros, especialmente a Seyyed Borhânnedin Mohaghegh, que cuidó de Rumi durante su formación sufí inicial y tras la muerte de su padre. Shams debía haberlos conocido en Damasco y asistido a sus reuniones, pero sin darse a conocer. A Shams le habría resultado fácil pasar desapercibido, ya que no adoptó el atuendo sufí ni se alojaba en *hânegâhs* o madrasas y llevaba a cabo trabajos serviles para ganarse el sustento.

Según se desprende del *Maghâlât*, cuando Shams llegó a Konya a la edad de sesenta años, era un hombre enjuto y de apariencia débil, con una barba fina, pero en realidad era muy rápido y ágil, con una gran resistencia y un discurso cálido y penetrante. Un hombre con una gran confianza en sí mismo y en pleno control de su persona. Creía plenamente en sus ideas y principios, y era absolutamente intolerante con las costumbres y formalidades superficiales. Parecía ambicioso y altivo pero extremadamente reservado e introvertido; sin embargo, era muy irritable, cortante y pendenciero. Podía permanecer en silencio durante muchas horas escuchando a otros, pero cuando empezaba a hablar, no toleraba ninguna interferencia ni crítica. Respetaba los silencios comunes, pero le resultaban inútiles en la búsqueda de la verdad.

Shams no quería tener nada que ver con las costumbres sufíes de cortarse el pelo, participar en iniciaciones, enseñar el *zekr* (los noventa y nueve nombres de Dios) o enviar a los novicios a retiros de cuarenta días, pero creía firmemente en la importancia de tener un *pīr* como guía en el camino del crecimiento espiritual. Era tolerante y paciente con los extraños, pero no esperaba menos que la sumisión total de los amigos. Su forma de enseñar, en la que insistía con firmeza, consistía en pedir más de lo que nadie podía ofrecer; por ello tenía expectativas poco realistas de sus amigos y a veces hería sus sentimientos.

Dijo: «No tengo nada que ver con las masas, no he venido por ellas. He venido por los que guían a la gente hacia Dios. ¡He venido a ponerles el dedo en la yugular!» (Movahed 2009, 32).

Y en otro lugar reitera:

Hasta que aprendan a confiar en mí incondicionalmente y a respetarme en público, seré duro con los amigos. Me preguntan por qué soy amable con los extraños y poco amable con ellos. Yo les pregunto simplemente: «¿Cómo es posible que no vean mi bondad infinita hacia ellos?». También les digo que, si los grandes santos en toda su gloria vivieran y pudieran vernos juntos, ¡su mayor deseo sería sentarse con nosotros por un momento! Dirijo mi dureza a los que más quiero, pero es para que abandonen su antagonismo y desconfianza, y así poder hacerlos partícipes de mis secretos, pues estos rasgos no deberían existir en las creaciones de Dios» (Movahed 2009, 58).

SHAMS Y RUMI

A pesar de su insistencia en mantener su privacidad, cuando Shams se instaló en Konya adquirió la reputación de ser un sufí de alto nivel, y mucha gente, incluidos los ricos, querían conocerlo y aprender de él. Siendo un *lâobâli*, Shams estableció un precio muy caro para los que querían reunirse con él. Sin importarle lo que su público pensara de los honorarios, los cobraba y, sin que se supiera, los redistribuía entre los necesitados. Insistía en considerar a todos, incluidas las prostitutas, iguales en términos humanos. De hecho, visitaba los burdeles, donde donaba el dinero que había recibido de los ricos.

Vamos al prostíbulo a hacer una visita a esas pobres almas, ¿no las ha creado Dios también? No importa si son pecadoras o no, vayamos a verlas de todos modos; vayamos también a la iglesia y veamos a la gente de allí. No muchos pueden tolerar mi trabajo, ¡lo que hago no es para hipócritas! (Movahed 2009,143).

Una de las cosas que más disgustaban a Shams no eran los ricos, sino las personas de todas las clases que buscaban y abusaban de chicos jóvenes, lo cual era una costumbre conocida y popular entre muchos. Como ya se ha dicho, el *shaykh* Ohad al-Din era uno de esos sufíes cuya admiración por los jóvenes apuestos le repugnaba y se desentendió rápida e inteligentemente de su compañía. También se oponía estrictamente al uso del hachís, que era popular entre muchos derviches, y lo consideraba la seducción del diablo.

Cuando Rumi presentó a Shams a su hijo, el sultán Valad, y Shams aceptó ser su *shaykh*, las dos cosas que le prohibió terminantemente fueron fumar hachís y entregarse a la actividad homosexual (Sâheb-Zamâni 1990, 92).

Después de que Rumi y Shams se retiraran de la vida pública, Shams empezó a controlar las visitas de los seguidores de Rumi. Al igual que hacía con los ricos que deseaban reunirse con él, empezó a pedir a los seguidores de Rumi que pagaran mucho dinero si querían ver a su maestro, lo que les ofendió muchísimo. Al enfrentarse por primera vez a tener que pagar por ver a su *shaykh*, acusaron a Shams de avaricia y charlatanería: «Mowlana está libre del mundo, pero Shams no. Mowlânâ nos dice que, como no nos gusta Shams, lo acusamos de mezquindad, ¡porque si nos gustara no consideraríamos avaricioso e ilegal que nos pidiera que renunciáramos a nuestro dinero!» (Movahed 2009, 41).

Shams creía que desprenderse del dinero de uno era el primer paso en el camino espiritual, y esa era la razón por la que presionaba a los seguidores de Rumi para que pagaran. Estos no entendían sus motivaciones y sus peticiones de pago no hacían más que aumentar su aversión hacia el hombre que ya les había robado a su venerado maestro. Shams les decía:

¡Tenéis muchos obstáculos en vuestro camino! Para la mayoría, el dinero es su Meca, pero los grandes maestros se han deshecho de sus garras y ya no los atrapa. En cambio, para los enamorados del mundo, el dinero es más valioso que su dulce vida, como si ni siquiera estuvieran vivos, porque, si lo estuvieran, ¿cómo podrían dar el máximo valor al dinero? (Movahed 2009, 54).

Debió de sufrir en silencio mientras los alumnos de Rumi seguían abusando verbalmente de él, pero no renunció a su manera de hacer las cosas, pues pensaba que un amigo era como una rosa, hecha tanto de pétalos como de espinas.

Muchos grandes hombres perdieron su afecto por mí porque pensaban que yo iba detrás de su dinero. No era así, ¡trataba de conseguir que esos idiotas se separaran de su dinero! Eran grandes *shaykhs* y dignatarios, y ¿qué podría querer yo de los *shaykhs* y de los llamados grandes hombres? ¡Te quiero como eres! ¡Quiero a la *necesidad*, al *hambre* y a la *sed*! El agua clara busca al sediento porque es generosa y bondadosa (Movahed 2009, 133).

Aunque Shams sentía un gran respeto por Rumi, sabía que para convencer a este *mufti* tan culto de que lo escuchara, tenía que vaciarlo de sus conocimientos eruditos y prepararlo para seguir «quemándolo» o «cociéndolo» como sufí, una tarea que requería tiempo. Hay muchas historias sensacionalistas sobre Rumi, Shams y lo que pudo haber ocurrido entre estos dos grandes hombres, y de ninguna de ellas podemos estar seguros. Sin embargo, puede ser útil mencionar un par de estas historias dramatizadas que aluden a la noción de que Shams podía realizar actos de magia.

En una ocasión, Shams entra supuestamente en la casa de Rumi y lo encuentra rodeado de sus valiosos libros favoritos. Le pregunta a Rumi:

—¿Qué son?

Rumi contesta:

—Tú no entiendes de estas cosas.

Antes de que pueda continuar, Shams prende fuego a los libros; Rumi grita:

—¿Qué es esto?

A lo que Shams responde:

—¡Esto es lo que tú no entiendes!

A continuación, Shams le devuelve sus libros intactos.

En otra versión de la historia, Shams entra en casa de Rumi y lo ve sentado junto a la piscina con sus valiosos libros extendidos ante él. Shams pregunta:

—¿Qué son estos?

Rumi responde:

—No son más que ruido y clamor para ti, ¿qué interés podrías tener en ellos?

Shams coge los libros y los tira al estanque.

—Oh, derviche, ¿qué has hecho? Algunos de estos libros eran de mi amado padre y nunca podrán ser reemplazados —exclama Rumi.

Shams recoge los libros uno a uno y se los devuelve, intactos:

—¿Cuál es el secreto de esto?

A lo que Shams, riendo entre dientes, dice:

—¡Esto es una genialidad! ¿Qué sabes tú de genialidades? (Forouzanfar 2006, 97-98).

Muchos maestros sufíes insistían en que los nuevos alumnos se deshicieran de sus libros y dejaran de lado todo lo que habían aprendido hasta entonces antes de entrar en la senda sufí. Asimismo, Shams insistía en un método de enseñanza similar, por el que exigía a Rumi que renunciara no solo a sus valiosos manuscritos religiosos y filosóficos, sino incluso al preciado libro de su padre, que era una fuente de orgullo y gloria para él. Shams insistía en la concentración total en el maestro, la entrega completa a su voluntad y la evitación total de «otros». Dice:

> La señal de quien ha encontrado su camino hacia mí es que las conversaciones de los demás le parecerán frías y amargas; no es que dejen de interesarle y continúe hablando con ellos, ¡sino que será incapaz de volver a hablar con ellos! (Movahed 2009, 29-30).

En efecto, fue la conversación de Shams la que hizo que Rumi se enamorara espiritualmente de él. Shams le pidió que hablara con él para que él mismo, a su vez, pudiera calentarse y empezar a hablar. De hecho, desde el momento en que se conocieron y se recluyeron juntos, no podemos estar seguros de lo que ocurrió entre los dos grandes hombres, salvo que, a partir de ese momento, Rumi cambió para siempre.

Shams dijo a Rumi que, si quería que le abriera el corazón, tenía que ofrecerle su soledad. Creía que no todo el mundo podía enamorarse y que solo el corazón que había ardido era capaz de descansar en soledad en el silencio del amor. Shams le enseñó a realizar el *samâ* por primera vez y a utilizarlo como herramienta para conectar con Dios, ya que creía que todo aquello por lo que uno se esforzara en su corazón se manifestaría durante el *samâ*:

> Mientras los hombres giran en el *samâ*, Dios se manifiesta y se revela más claramente ante ellos. Puede que consigan ir más allá del mundo que conocen, pero Dios los

eleva más allá de otros mundos aún desconocidos y los conecta directamente con lo divino (Movahed 2009, 29).

Sin embargo, Shams criticaba de vez en cuando a Rumi por lo que había aprendido en los libros, y se burlaba de su relación con sus seguidores, algunos de los cuales eran viejos delincuentes sin educación y mendigos sin hogar. Al mismo tiempo, Shams era un gran creyente en las amistades profundas y advertía a la gente de que no debía dar la espalda a los viejos y buenos amigos o volverse demasiado complaciente y perderlos.

Tenía un enfoque jovial y animado hacia la vida en general, creía en la grandeza del ser humano y asumía la responsabilidad de llevar felicidad y alegría a la gente de su entorno. Se había erigido en mensajero social con el objetivo de completar lo incompleto, confirmar a los perfectos, apoyar a los pobres, desenmascarar a los engañadores y oponerse a los opresores (Sâheb-Zamâni 1990, 82).

A Shams no le gustaba anotar sus pensamientos, pues no creía que fuera posible captar su esencia en la letra escrita. Sin embargo, creía que sus palabras llegarían a aquellos a los que estaban destinadas una vez que decidiera revelar su significado, «¡incluso después de mil años!». Insistía en que solo quienes tuvieran una «necesidad» en el corazón entenderían el significado de sus palabras, de manera muy parecida a Rumi, cuya verdadera «necesidad» era Shams, igual que la inquebrantable «necesidad» de Shams era Rumi:

¡Tu verdadero yo es el que muestra su necesidad! El que finge no tener necesidades y ser un extraño es tu enemigo; por eso lo torturaba, porque no era tu verdadero yo. ¿Cómo podría hacerte daño cuando pienso que, si intento besar tus pies, me preocupa constantemente que mis pestañas te arañen y manchen tu piel? (Movahed 2009, 41).

Shams tenía la misión de salvar a Rumi de los «rudos compañeros» que lo rodeaban. Como ya se ha dicho, Shams lo había conocido quince o dieciséis años antes, lo que menciona al menos cuatro veces en el *Maghâlât*, pero no se acercó a él hasta que decidió que había llegado el momento. Rumi tuvo que prepararse mental y espiritualmente para la aparición de Shams. Por otra parte, este quedó expuesto a los devotos más antiguos de Rumi, que habían estado entre sus discípulos y su familia y lo habían seguido desde Jorasán. Ahora, estos hombres eran sufíes maduros por derecho propio y no miraban con amabilidad a un extraño que no solo les parecía chusma, sino que les era totalmente desconocido.

Shams tenía que estar seguro de que, si revelaba su sabiduría a Rumi y se enfrentaba a la ira de sus discípulos, al menos este estaría lo bastante maduro espiritualmente como para apreciarlo. Rumi era un líder religioso erudito que caminaba a la sombra de su gran padre, aunque se había ganado cientos, si no miles, de seguidores en Konya por méritos propios. No era una vasija vacía; estaba lleno de conocimientos y gozaba de una elevada posición social. Shams tuvo que vaciarlo de todos sus conocimientos, que él consideraba un obstáculo, para que pudiera estar preparado para lo que estaba a punto de transmitirle.

Rumi tuvo que renunciar a su orgullo «faraónico» y aprender a agachar la cabeza porque ninguno de sus conocimientos adquiridos podía ayudarlo en el verdadero camino hacia Dios. Shams pensó que, si Dios se ocultaba tras siete velos de luz, la clave para traspasarlos solo podía ser el «Amor», y Rumi tuvo que recibir una bofetada para que su aire de pomposidad se disipara definitivamente. Todo lo que ya había dominado no eran más que velos que oscurecían su visión; ahora tenía que desprenderse de todo lo que había aprendido y comprender que su camino era algo más que ser un *pīr* o un *morīd*. Shams creía que los seres humanos eran los responsables últimos de sí mismos, que debían encontrar el «tesoro» en su interior y no fuera, en el mundo cruel, y necesitaba que Rumi también lo creyera. Shams le enseñó a tocar música y a disfrutarla y a expresar sus comprensiones espirituales en verso mientras practicaba el *samâ*, que Shams consideraba tan necesario como las cinco oraciones obligatorias de cada día (Sâheb-Zamâni 1990, 75). Rumi aprendió por primera vez que, más allá de las formas de piedad socialmente aceptadas, como rezar y ayunar, peregrinar, practicar la jurisprudencia islámica y controlar los deseos y las pasiones, existía otra forma de espiritualidad que encarnaba el amor y la alegría experimentados al conocer y familiarizarse con Dios.

En la historia registrada del sufismo iraní, Shams fue el primero en proponer que la música, la danza, la poesía y el misticismo debían combinarse y afectarse unos a otros, perfeccionándose mutuamente de esta manera. Hasta el día de hoy, estas actividades mantienen su influencia e importancia en la escuela de Rumi, llamada Escuela Mowlaviyeh en Irán, y entre los Mevlevis de Turquía. Según una fuente, Rumi continuó las ceremonias *samâ* hasta sus últimos días e incluso celebraba sesiones semanales para mujeres en Konya (Sâheb-Zamâni 1990, 74).

Shams declaró que no había ido a Konya para convertirse en el *shaykh* de Rumi, ya que la persona que se imaginaba capaz de ocupar ese puesto aún no había nacido y él mismo nunca podría convertirse en el *morīd* de nadie. Así pues, solo podemos designarlos como compañeros, cada uno tan importante como el otro para su progreso espiritual. Shams admitió que buscaba un dolor específico que no estaba dispuesto a cambiar por cien curas y quería saber si Rumi podía ser ese dolor delicioso.

Aunque breve, el tiempo que Rumi pasó con Shams fue el periodo más estimulante de su vida. Para ellos, el único propósito de estar juntos y de aprender uno del otro era acercarse a Dios, a la Verdad absoluta. Rumi idolatraba a su amigo, pues creía haber visto el rostro de Dios en Shams y, a su vez, Shams confesaba que él también había visto el rostro de Dios en Rumi. Como dijo Rumi en un verso:

Shams, Luz de Dios, de Tabriz
en el espejo claro de tu ser
si veo algo que no sea Dios,
debo de ser un infiel.

Si nos fijamos en algunos de los nombres que Rumi da a Shams en su *Divan-e Shams-e Tabrizi*, podemos comprender hasta qué punto veneraba a su querido compañero. Vale la pena mencionar aquí algunos de ellos para demostrar la profundidad del respeto y amor de Rumi: Sol de la Verdad Última, Orgullo de todos los Profetas, Manifestación Divina, Rey de la Verdad y del Significado, Sultán del Alma de los Sultanes, Origen de Todas las Almas, Alma del Alma de Todas las Almas, Sol del Espíritu, Sol de Verdad y Fe, Manantial del Alma, Rey del Alma, Rey de Todas las Religiones, Rey de Reyes, Rey del Rey del Espíritu, Origen de la Fe, Elegido del Elegido del Secreto de Dios, Símbolo del Espíritu, Sol de los Tiempos, Amor Infinito, Profeta sin Lugar, Fuente del Espíritu Original, Luz Pura, Gema de la Alegría, Manifestación de la Visión, Espíritu Absoluto, Luz Fluyente, Fuego del Amor sin Lugar, Pintor Chino, Suma de Todo Ser, Maestro de lo Invisible, Espada de la Verdad, Visión de la Verdad, Protector del Mundo de la Revelación, Mar de Misericordia, Sol de Gracia, Señor del Señor de los Misterios, El Grande, Luz Pura... y muchos más.

Su cercanía y el hecho de que Shams fuera excepcionalmente estricto con los seguidores de Rumi, a la mayoría de los cuales consideraba indignos de la compañía de este, pronto puso a la mayoría en su contra. Los desagradaba intensamente, por lo que lo calumniaban y menospreciaban en público, ya que les había robado y alejado de su amado maestro. Sobre ellos, Shams dice:

> Prefiero a la persona que me maldice que a la que dice mis alabanzas, pues las alabanzas deben expresarse de tal manera que no haya negación posterior, lo que crearía conflicto. El que provoca desarmonía es ciertamente peor que el infiel (Modaress-Sâdeghi 1994, 262).

SHAMS SE VA DE KONYA POR PRIMERA VEZ

Después de un año y medio, en marzo de 1246, Shams abandonó Konya para dirigirse a Siria, pues ya no podía soportar el terrible trato que recibía de los alumnos de Rumi. También podría haber decidido hacer un viaje, como menciona en el *Maghâlât,* en beneficio de Rumi, ya que no creía que pudiera ordenarle que se fuera. Sin embargo, un angustiado Rumi se alejó de sus estudiantes, a los que culpaba de los malos tratos que sufría Shams, y solo se relacionaba con los discípulos que no habían conspirado contra su querido compañero. Entretanto, Shams pasó al menos siete meses en Siria, donde debió mantenerse con trabajos esporádicos. Durante su ausencia escribió al menos una carta a Rumi, lo que le habría confirmado que, de hecho, estaba en Siria. Rumi, a su vez, le escribió muchas cartas implorándole que volviera. Los *morīds* de Rumi que más medios tenían y se sentían más culpables donaron mucho oro y plata para cubrir los gastos del viaje y convencer a Shams de que retornara a Konya.

Al final, Rumi envió a su hijo mayor, el sultán Valad —que admiraba a Shams y lo consideraba su *shaykh*— para que lo trajera de vuelta en octubre o noviembre de 1246 (Lewis 2000, 179). El sultán Valad tuvo éxito en su misión, pero se negó a montar a caballo en compañía de Shams por respeto a su *pīr* y optó por caminar a su lado durante todo el viaje de Damasco a Konya, que duró aproximadamente un mes. Siendo el implacable personaje que era, Shams se negó a admitir que el hecho de estar separado de Rumi le hubiera afectado lo más mínimo:

SHAMS DE TABRIZ: EL SOL DE RUMI

En realidad, nadie puede acompañarme, ¡porque yo soy un *lâobâlî*! Estar separado de Mowlânâ no me molesta ni la unión con él me produce mucho placer, ¡pues mi alegría viene de dentro de mí, al igual que mi dolor! No es fácil vivir con alguien como yo (Movahed 2009, 231).

El sufismo de Shams era de acción y no solo de palabras. Uno podía experimentar y fracasar, pero tenía que intentarlo una y otra vez hasta que, poco a poco, su corazón se abriera al amor, liberándolo así para elevarse a la perfección a la que aspiraba. Cuando lo vio en Damasco, Shams le dijo al sultán Valad:

Hablar con conocimiento de causa sobre un tema no posibilita el aprendizaje. Para aprender sobre algo, uno tiene que intentarlo con denuedo y esforzarse mucho. Por ejemplo, aunque tu padre y tú hubierais parloteado durante cien años con la esperanza de que yo abandonara mi estancia en Alepo y Damasco, ¿crees que habría regresado sin más? No, no me planteé volver hasta que viniste cargado con cuatrocientos dinares [para los gastos del viaje], desafiando y tolerando las dificultades y peligros del camino y arriesgando tu sustento (Movahed 2009, 53).

Durante el largo viaje de vuelta, Shams y el sultán Valad conversaron ininterrumpidamente y Shams compartió muchas valiosas comprensiones espirituales con su joven devoto. Hubo muchos días de celebración tras su regreso a Konya, y Rumi, convencido de que ahora sus discípulos empezarían a apreciarlo, lo alojó en su propia casa: «Esta vez aprovecharéis las palabras de Shams ed-Din con mayor aprecio, porque la vela del barco del ser humano es la creencia. Donde hay vela, el viento te lleva a grandes lugares, pero, si no hay vela, las palabras sustituyen al viento» (Sâheb-Zamâni 1990, 47).

SHAMS Y KIMIA

Cuando ambos volvieron a retomar sus conversaciones privadas, los discípulos se dieron cuenta, una vez más, de que Rumi elegía a Shams en lugar de a ellos y pronto volvieron a empezar los malos tratos hacia él. Seguramente, Rumi era dolorosamente consciente del comportamiento de sus seguidores, al menos hasta cierto punto, y, tal vez con la intención de vincular a Shams con Konya para siempre, le sugirió que se casara con Kimia. Esta joven era hija de uno de sus seguidores, muerto de forma prematura, y había llevado a su esposa e hijos a su propia casa para cuidarlos. Animado por su anfitrión, Shams se casó con Kimia en noviembre o diciembre de 1247 (Lewis 2000, 184) y Rumi les asignó una cuarta parte de su casa.

Shams se encariñó con Kimia y pasaron juntos seis meses de felicidad durante los cuales ella aprendió mucho de su sabiduría. Sin embargo, se cree que el hijo mediano de Rumi, Allâedin, también la amaba. A diferencia del sultán Valad, Allâedin no era muy amigo de Shams y, según algunas fuentes, cuando este se casó con Kimia, sus celos y su antagonismo aumentaron. Allâedin entraba y salía con frecuencia de la casa de Rumi y así tenía la oportunidad de verla; esto enfureció a Shams, que un día lo regañó, dándole a entender que no era bienvenido.

Al no estar dispuesto a aceptar que el grosero de Shams lo echara de la casa de su propio padre, Allâedin y sus amigos reavivaron su animosidad, y los latigazos verbales al «anciano» alcanzaron cotas sin precedentes. Los celos y las calumnias llegaron incluso a insinuar que había cometido actos prohibidos:

—¿Está prohibido beber vino?

Y Rumi respondió:

—¡Depende de quien lo beba! Es como verter una garrafa de vino en el mar, donde no cambiaría nada, no contaminaría el agua, y beber y hacer abluciones con él estaría bien. Sin embargo, si viertes solo unas gotas de vino en un pequeño estanque, sin duda infestará toda el agua. Es similar a cuando dejas caer algo en un mar salado; ese objeto se saliniza por completo. Así que la respuesta directa a tu pregunta, si está bien que Mowlânâ Shams ed-Din beba vino, es que está completamente permitido, ya que su naturaleza es como la del mar. Pero, para ti, ¡ni siquiera está bien el pan de cebada! (Sâheb-Zamâni 1990, 38).

Shams se mantuvo firme en sus razones para permanecer en Konya y, a pesar del comportamiento implacable de los seguidores de Rumi, continuó con su manera habitual de tratar con aquellos que lo odiaban recordándoles: «Cuando me hacéis daño, estáis haciendo daño a Mowlânâ» (Movahed 2009, 175).

Poco después de casarse, un día Kimia acompañó a las demás damas de la casa a uno de los famosos jardines de Konya sin pedir permiso a Shams. A su regreso, él la reprendió con dureza. Shams, obviamente, era un musulmán tradicional con opiniones tradicionales sobre las mujeres. En un momento dado, admite:

Si Fátima, la hija del Profeta, o Ayshe, su esposa, se hubieran convertido en *shaykhs*, yo habría perdido la fe en Mahoma, ¡pero no lo hicieron! Incluso si Dios abriera una puerta a una mujer, esta debería permanecer callada y oculta. El lugar de una mujer está en el rincón de la habitación, detrás del huso, donde debe ocuparse de cuidar al que es su guardián (Modaress-Sâdeghi 1994, 215).

Desgraciadamente, Kimia cayó enferma esa misma tarde después de regresar de la excursión y nunca volvió a recuperarse. En su *Maghâlât*, Shams menciona que en Kimia había visto el rostro de Dios y por eso la quería y apreciaba tanto. También menciona que no era reacio a la vida familiar y que le habría gustado tener un hijo de ella. Su corazón debió de quedar destrozado por su muerte prematura. Sin embargo, el comportamiento de los discípulos de Rumi no se apaciguó ni siquiera tras la pérdida de Kimia, y pronto se disiparon las esperanzas de que por fin lo comprenderían y empezarían a apreciarlo.

SHAMS DESAPARECE

Poco después de la muerte de Kimia, Shams desapareció por segunda y última vez de Konya y de la vida de Rumi, pero no podemos estar seguros de la fecha exacta ni de cómo ocurrió. Los especialistas en Rumi han discutido largo y tendido sobre varias hipótesis, la mayoría de las cuales especulan con la posibilidad de que Shams fuera asesinado, pero no hay pruebas de que ninguna de estas leyendas sea cierta. No se menciona el asesinato en ninguno de los poemas posteriores de Rumi ni en los de su hijo, el sultán Valad. De hecho, en los años que siguieron a su desaparición, Rumi viajó a Siria al menos dos veces en busca de Shams, lo que indica claramente que no aceptaba que estuviera muerto.

Se han contado diversas historias sobre la desaparición de Shams, algunas de las cuales pueden tener algo de verdad, mientras que otras, como la mayoría de las historias contadas sobre ellos, no son más que cuentos adornados. Uno de los relatos más populares es que Shams fue asesinado por Allâedin y sus amigos. También se ha afirmado que la aversión de Allâedin hacia él no se debía a sus celos por Kimia, sino a la preferencia de Shams por el sultán Valad, su hermano mayor. Allâedin tenía grandes esperanzas de heredar el manto de su padre, pero mientras Shams siguiera en el candelero, era imposible.

En esta historia se nos cuenta que una noche, mientras Shams y Rumi estaban sentados juntos, llamaron a la puerta y le pidieron a Shams que saliera. Antes de salir de la habitación, se dirigió a Rumi y le dijo que debía marcharse porque sus verdugos lo estaban llamando a morir. Cuando Allâedin y sus amigos lo apuñalaron, lanzó un grito tan desgarrador que asustó a los asesinos, que perdieron el conocimiento. Cuando volvieron en sí, no vieron otra señal de Shams que unas pocas gotas de sangre.

En otra historia se nos cuenta que siete derviches sedientos de sangre de otra secta habían estado buscando a Shams durante años, culpándolo de la muerte de su *shaykh*. Lo encontraron en Konya y le enviaron un mensaje pidiéndole que se reuniera con ellos fuera de la ciudad, en una caravanera abandonada. Shams acudió voluntariamente a reunirse con ellos, sabiendo que iba a ser asesinado. Cada derviche golpea a Shams una vez, y solo con el último golpe cae de rodillas. Es muy poco probable que estas historias sean ciertas, ya que el asesinato habría sido casi imposible de ocultar en una ciudad relativamente pequeña como Konya, sobre todo porque se trataba del amado de Rumi, Shams.

Una versión diferente de estas historias sugiere que, tras asesinar a Shams, sus asaltantes arrojaron su cadáver a un pozo. Posteriormente, el cuerpo fue recuperado por el sultán Valad y algunos discípulos y enterrado sin ceremonias, ocultando los hechos a Rumi. ¿Por qué iba a hacer algo así el sultán Valad —en la oscuridad de la noche, cavando una tumba sin marcar y ocultándoselo a su padre—, sobre todo al ver el dolor implacable de su padre por la pérdida de su compañero? Esta historia no es creíble. Además, ¿cómo podría haber permitido que su padre soportara el sufrimiento de dos largos e infructuosos viajes a Siria en busca de Shams sabiendo que el hombre ya estaba muerto y enterrado?

Estos escenarios, soñados por diversos escritores muchos años después de la desaparición real de Shams, debían tener la intención de dramatizar la ya increíble historia de estos dos hombres que habían encontrado el amor espiritual, pero que no pudieron convencer a los demás de la simplicidad de su revelación.

Es más probable que la desaparición de Shams se debiera a que se dio cuenta de que no tenía nada más que enseñar a Rumi; fiel a su estilo, decidió marcharse discretamente sin decírselo a su amigo, sabiendo que este intentaría convencerlo para que se quedara. Algunos comentaristas han llegado a la conclusión de que Shams estaba harto de los malos tratos verbales, y a veces físicos, que recibía, sobre todo después de la muerte de Kimia, y, simplemente, se marchó.

Sin duda, alguna combinación de estas dos hipótesis tiene más sentido que las teorías del asesinato. Nunca se han encontrado restos de Shams. Nunca se ha demostrado que estuviera enterrado en Maghâm-e Shams, en Konya, donde se ha erigido una mezquita moderna alrededor de una tumba que se cree que es la suya, o en Khuy, en la provincia de Azerbaiyán, donde también se cree que está su tumba debido al hallazgo de un minarete datado en la misma época. Nunca se encontró el arma del crimen. Por lo tanto, podemos aceptar que «Shams volador» emprendió su último vuelo lejos de la vista del público para no volver a ser visto nunca más. No podemos estar totalmente seguros, y solo podemos suponer que la fecha de su desaparición fue a finales de 1247 o principios de 1248.

EL FIN Y EL PRINCIPIO

El resultado de la mezcla de estos dos grandes mares de sabiduría espiritual son los extensos libros de poesía mística de Rumi —los seis volúmenes del *Masnavi-ye Ma'navi*; el *Divan-e Shams-e Tabrizi*; sus discursos, o *Fihe ma Fih*; y las *Maktubât*, o cartas— y, por parte de Shams, un solo volumen, el *Maghâlât*. En los aproximadamente dos años y medio que pasaron juntos, muchos de los temas que trataron en el *Maghâlât* aparecieron más tarde en los versos de Rumi, especialmente en el *Masnavi* y en el *Fihe ma Fih*.

Por citar algunos ejemplos, Shams cuenta la historia del *samâzan*, en la que un califa prohíbe el *samâ*; Rumi utiliza esa última línea en otra historia del *Masnavi* 3 (v. 4707). Shams relata el poema «No te pondré en mi corazón...» y Rumi transforma el mismo verso en un cuarteto (v. 1861). Shams habla brevemente de la alegría de encontrarse con un elefante, mientras que Rumi dedica un relato entero a este tema titulado «El elefante en la oscuridad» en *Masnavi* 3 (v. 1259), al igual que hace con la historia de Shams sobre el ratón y el camello en *Masnavi* 2 (v. 3436).

Shams aconseja brevemente que lo mejor es dejar de intentar nadar y dejarse llevar por el mar; Rumi cuenta esta parábola en una versión mucho más larga en *Masnavi* 3 (v. 2841). Shams cuenta la historia de por qué el Profeta se abstuvo de salvar a las masas de la ignorancia; y Rumi vuelve a contarla en *Masnavi* 3 (v. 2913). Shams relata brevemente la historia de los tres compañeros compartiendo *halva* (dulces) y Rumi la cuenta con detalle en *Masnavi* 6 (v. 2376).

Shams se queja de que algunos *shaykhs* no son auténticos y alude a una historia sobre gatos y ratones; Rumi trata el mismo tema en *Masnavi* 6 (v. 3042). Shams narra el divertido cuento de un hombre mayor que va al barbero pidiéndole que le corte solo los cabellos blancos; Rumi relata la misma historia con igual brevedad en *Masnavi* 3 (v. 1376). Shams se compara a sí mismo con unos huevos de pato empollados por una gallina; Rumi repite la analogía en un relato del *Masnavi* 2 (v. 3764).

En muchos casos, Rumi se adhiere a la forma que tiene Shams de contar la historia en la medida en que la rima poética y el ritmo lo permiten, pero su narración es diferente. Mientras que Shams resume el relato en unas pocas frases, Rumi lo embellece y extiende a numerosas páginas, a veces hasta el punto de que la trama original queda enterrada en los detalles y olvidada.

Por ejemplo, la historia de Nassouh abarca más de cien versos, la historia de Ayaz y Mahmood se cuenta en ciento treinta y la historia del hombre pobre que encuentra un tesoro se cuenta en más de quinientos (Movahed 2008, 157). Shams cuenta sus historias con brevedad, tratando el tema con precisión y eficacia, sin muchos adornos; cuando el relato es largo, nunca se complace en introducir temas adicionales y diluir así el argumento original.

Por otra parte, un ejemplo en el que Shams hace una narración muy larga y Rumi la termina en unos pocos versos es la historia de Leily y Majnoun en *Masnavi* 1 (v. 407). En sus relatos, Shams intenta demostrar comportamientos humanos concretos; por ejemplo, cómo los distintos grupos religiosos imponen a sus seguidores su propia forma de entender el islam y no revelan el mensaje original del Profeta. También indica que cada grupo cree que el paraíso es su reino por derecho propio, mientras que los que no son miembros de su clan no merecen entrar en él. De hecho, nadie quiere ver que los que no forman parte de su grupo disfruten de los frutos de su trabajo; lamentablemente, esta tendencia sigue tan vigente en el siglo XXI como lo estaba en el siglo XIII. Cuatro conceptos importantes que tanto Rumi como Shams tratan ampliamente son:

1. La celebración de la vida.
2. La interpretación compasiva de la muerte.
3. La confianza en los valores humanos y sus infinitas posibilidades.
4. La llamada a la felicidad, la alegría y el buen ánimo.

Vemos a Shams celebrando la vida cuando dice:

Me sorprende el *hadiz* [verso del Corán] que afirma que el mundo es la prisión de los piadosos, y que la tumba es su refugio y paraíso —su lugar de descanso eterno— mientras que, para el infiel, el mundo es su paraíso, la tumba es su cámara de tortura y el infierno su trono. Yo, personalmente, ¡solo he visto alegría, grandeza y abundancia en esta vida! (Movahed 2009, 154).

Shams amaba y respetaba la vida, aunque no temía a la muerte, pues consideraba que esta no era más que otra fase del viaje espiritual del ser humano, un pasaje hacia Dios: «¡Los guerreros de Dios buscan la muerte tanto como los poetas el verso; los enfermos, la salud; los presos, la libertad y los niños, las vacaciones!» (Movahed 2009, 72). Shams confiaba en los valores humanos y creía en la posibilidad infinita del crecimiento humano y la búsqueda de la perfección:

> Uno siempre debe intentar conseguir más, rezar más, buscar más conocimiento y convertirse en un mejor sufí, ¡un místico perfecto! Pide más de todo, pues todo lo que existe en el mundo existe también en el hombre (Mohaved 2009, 99).

Tanto Shams como Rumi fueron grandes defensores de la alegría y la felicidad y su sufismo se basaba en estos conceptos: consideraban que los seres humanos eran el centro del mundo de Dios. Comprender a Shams es comprender a Rumi; el uno sin el otro no serían unas personalidades tan provocadoras e importantes que se han infiltrado bellamente en nuestra conciencia, guiándonos en nuestro propio camino espiritual. Leer las palabras de Shams es acercar aún más su conciencia a la nuestra, permitiéndonos apreciar por fin al hombre que, literalmente, se sacrificó por el bien de su amor.

LOS DICHOS DE SHAMS

Todos estos dichos han sido tomados de *Khomi az Sharab e Rabani,* una versión abreviada del *Maghâlât*, y han sido recopilados por Mohammad-Ali Movahed.

1

El espejo nunca miente. Puedes postrarte ante él y rogarle cien veces que oculte una falta, pero solo te devolverá la mirada en silencio.

2

Hablas de la gloria de Dios, pero ¿quién eres tú y qué tienes tú que ofrecer? Hablas de la sabiduría de los santos, pero ¿qué has conseguido? Yo hablo desde mi propia experiencia, no utilizo palabras de otros. Habla solo si tienes algo valioso que decir. Cuando tus propias ideas estén claras, podrás argumentar tu punto de vista, y solo entonces podrás utilizar la sabiduría de otros como apoyo.

3

Mientras los hombres dan vueltas girando en *samâ*, Dios se manifiesta y se revela más claramente a ellos. Han logrado aventurarse más allá del mundo que conocen, pero Dios los eleva incluso más allá de otros mundos aún desconocidos y los conecta con lo divino.

4

Los profetas se encarnan unos a otros. Jesús les dice a los judíos: «No habéis comprendido bien a Moisés; venid a verme para que podáis apreciarlo plenamente».

Mahoma le dice a cristianos y judíos: «No habéis entendido bien ni a Moisés ni a Jesús; venid a verme para que podáis conocerlos mejor».

A su vez, se le pregunta al profeta Mahoma:

—¿Quién te proclamará, puesto que eres el último de todos los grandes profetas?

—Aquellos que hayan llegado a conocerse a sí mismos serán mis representantes, ya que solo cuando uno se conoce de verdad a sí mismo conoce a Dios.

5

Cuanto más erudito eres, más lejos estás del objetivo. Cuanto más complicados son los pensamientos, más se va alejando uno. El trabajo del Espíritu es el trabajo del corazón, ¡no de la mente!

6

Un hombre encontró una vez una carta que lo dirigía a un tesoro. Se le indicó que saliera de la ciudad por una puerta determinada, donde vería un montículo. De espaldas al montículo y de cara a La Meca, se le aconsejó que disparara una flecha y que debajo de donde cayera, allí encontraría el tesoro. Él hizo lo que le indicaba la carta, una y otra vez hasta que se quedó sin fuerzas, pero no encontró nada.

La noticia le llegó al rey, quién envió a sus arqueros para que intentaran encontrar el tesoro. Ni que decir tiene que tampoco encontraron nada. Desamparado y frustrado, el primer hombre recurrió muchas veces a Dios y, al fin, tuvo una revelación: ¿se me dijo que tensase la cuerda del arco?

El hombre colocó la flecha en el arco y la dejó caer al suelo. Cuando cavó en la tierra, encontró el tesoro justo bajo sus pies. Cuando Dios decide conceder un favor, uno solo tiene que dar un paso adelante y el destino será visible. En este caso, ¿qué relación había entre iniciar la acción y alcanzar el objetivo? ¿Dónde estaba el ascetismo, dónde la austeridad? Los que dispararon más lejos estaban más lejos del objetivo y se les negó completamente el tesoro.

Se dice que el hombre está a solo un paso de encontrar el «tesoro», y ¿qué podría ser ese «tesoro», sino conocerse a sí mismo? Ciertamente, cuando por fin te conoces a ti mismo, ¡has encontrado el Tesoro eterno!

7

Un hombre hablaba sobre los peces cuando otro le dijo:

—Cállate, ¿qué sabes tú de peces? ¿Por qué hablas de algo de lo que no tienes ni idea?

—¿De qué hablas? ¿Insinúas que no sé lo que es un pez? —replicó el primer hombre.

—No, no tienes ni idea. Si sabes lo que es, ¿por qué no lo describes?

—La señal de un pez es que tiene dos cuernos, como los camellos.

—Sabía que no tenías ni idea de peces, pero ahora sé que ni siquiera sabes distinguir un camello de una vaca.

8

Hace muchos años, un califa prohibió el *samâ*. Al enterarse del decreto, un derviche, un místico sufí que era *samâzan* o giróvago, cayó enfermo de repente. Llevaron a su lado a un médico que lo examinó a fondo, pero no pudo encontrar la causa de su enfermedad. Poco después, el místico falleció y el médico le practicó una autopsia, durante la cual encontró un bulto que se había convertido en un ágata. El médico guardó la piedra por si venían malas épocas. Y así, con el tiempo, el ágata se vendió y pasó de mano en mano hasta llegar al mismo califa que había prohibido el *samâ*, quien, sin saberlo, hizo engarzar la piedra en un anillo. Años más tarde levantó la prohibición y decidió asistir él mismo a una sesión de giros. Al girar, se dio cuenta de que su ropa estaba empapada en sangre, pero no pudo encontrar herida alguna en ninguna parte de su cuerpo. Vio que el anillo que llevaba en el dedo brillaba al rojo vivo como un carbón ardiente. De inmediato, envió a sus ayudantes a buscar al hombre que le había vendido la piedra, con la intención de encontrar al propietario original. Finalmente, la búsqueda condujo al médico, que contó la historia del moribundo derviche, cuyas últimas palabras fueron: «Cuando veas gotas de sangre en el camino, puedes estar seguro de que han brotado de mis ojos».

9

No tengo nada que ver con las masas, no es por ellas por lo que he venido; es por aquellos que guían a la gente hacia Dios. ¡He venido a ponerles el dedo en la yugular!

10

Si alguien viene a oírme hablar a la manera de un *shaykh* o de un maestro sufí, o a debatir conmigo o a que le cuente historias del Corán, no oirá nada útil ni se beneficiará de mí en modo alguno. Pero si se acerca a mí con «necesidad» en su corazón y el anhelo de obtener conocimiento, prosperará. Por lo demás, si él hablara durante un día, diez o incluso cien años, me quedaría mirándolo apoyando la barbilla en mi puño, fingiendo que lo escucho.

11

Hasta que no te entregues por completo a tu tarea, te parecerá de lo más difícil, incluso imposible. Pero en el momento en que te entregas incondicionalmente, las dificultades desaparecen por completo.

12

¿Qué se entiende por «regla» o *velâyat*? ¿Se refiere al dominio de un hombre con grandes ejércitos y muchas regiones y ciudades bajo su gobierno? ¡No! El que gobierna de verdad es el que puede gobernar su propio ego, su estado mental, su personalidad, su discurso, su silencio, su ira y su misericordia. No se trata de ser como los *jabrī* o fatalistas, que afirman que están indefensos y que solo Dios es capaz, sino de responsabilizarte de todos los aspectos de tu Ser. Debes guardar silencio cuando sea necesario, hablar cuando sea necesario, mostrar tu ira cuando sea apropiado y ejercer tu bondad y misericordia cuando sea pertinente. Si no puedes controlar tu propio comportamiento, serás siempre víctima de él y tus acciones incontroladas impondrán su ley sobre ti.

13

Como un espejo, mis palabras son claras, y si posees la imaginación, la iluminación para desear la muerte, ¡bien hecho y enhorabuena! Por favor, no olvides tenernos presentes en tus oraciones. Y si careces de esa luz e imaginación, ¡búscalas y prepárate para dar un salto! Si eres honesto, ¿por qué habrías de temer a la muerte?

14

Un grupo se había reunido en torno a un animal muerto, tapándose la nariz y dándole la espalda al cadáver con repugnancia. Un *shaykh* pasó por allí y, sin dejarse molestar por el olor, miró al animal muerto con interés. Curioso, el público le preguntó qué miraba:

—¡Me asombra ver qué dientes tan blancos y finos tiene! Un buen hombre no se queja ni se entretiene en buscar defectos en los demás. Coge por el cuello al que se queja y se lo aprieta porque, ciertamente, la culpa es suya.

15

No te pondré en mi corazón,
porque podrían herirte sus heridas.
No te guardaré en mis ojos,
porque podría menospreciarte y
exponerte al ridículo de los hombres comunes.
Te esconderé dentro de mi alma,
no en mi corazón ni en mis ojos,
para que seas uno con mi aliento.

16

Date cuenta de si eres un amigo lejano que está cerca o un amigo cercano que está lejos.

17

—El ámbito de la palabra es vasto. Todo el mundo puede decir lo que quiera —exclamó el *shaykh* Mohammad, más conocido como Ibn Arabi.

Yo dije:

—En realidad, ¡el ámbito de la palabra es bastante limitado! El ámbito del «significado» es ilimitado. Ve más allá de las palabras y podrás ver el infinito.

18

Si dejas de obsesionarte con tu propia bondad y pureza y corriges todas las maldades que has cometido hasta ahora, ¡la poca bondad y pureza que sin duda posees se multiplicarán en gran medida!

19

Su silencio no germina de la ignorancia, ¡sino de saber demasiado!

20

El músico que no está enamorado o el predicador que nunca ha sentido dolor solo suscitarán frialdad en su público, con lo que anularán su propósito último de suscitar calor y entusiasmo.

21

El problema entre los amigos y la gente en general es que no se cuidan los unos a los otros. Debemos vivir de tal manera que cuidar de los amigos sea nuestra ocupación constante, ¡como si fuéramos inseparables de ellos!

22

Los *shaykhs* sufíes enseñaban a sus alumnos la naturaleza de los velos. Les hablaron de los setecientos velos de oscuridad y los setecientos velos de luz que cubren la verdad, según los dichos del Profeta. Los pobres estudiantes temblaban de miedo, incapaces de comprender la esencia del asunto. Estos maestros perdieron así a sus alumnos porque les robaron toda esperanza. Todos los velos son uno y el mismo: ¡el velo del yo!

23

¡Tu verdadero yo es el que muestra su necesidad! El que pretende no estar necesitado y es un extraño es tu enemigo; por eso lo torturaba, porque no era el verdadero tú. ¿Cómo podría hacerte daño, cuando pienso que, si intento besarte los pies, me preocupa mucho que mis pestañas puedan arañarte y manchar tu piel?

24

No deseo otra cosa que la necesidad del que está necesitado. Es un requisito y una necesidad para el estudiante espiritual donar sus riquezas, liberarse de su apego al mundo y sentarse con el corazón abierto ante su *shaykh*.

25

El gran califa Harun al-Rashid había oído hablar de la historia de amor entre Leily y Majnoun y tenía curiosidad por saber quién era esa chica de la que todo el mundo hablaba. Sin reparar en gastos, envió a sus hombres en busca de la célebre Leily para conocer su belleza de primera mano. Tras muchas investigaciones y búsquedas, los soldados encontraron a Leily y la llevaron a palacio. Por la noche, mientras dormía, el califa se acercó a su cama y la observó atentamente durante largo rato. Perplejo, se preguntaba qué podría haber visto Majnoun en ella. Pensó que, tal vez, si la oía hablar, podría captar algo de su encanto, así que decidió despertarla.

—¿Eres Leily?

—Sí, soy Leily, ¡pero tú no eres Majnoun! ¡No me ves con los ojos de Majnoun! Debes mirarme como me mira Majnoun. El amado debe ser mirado con los ojos del amante.

El problema es que la gente no mira a Dios con amor, sino a través de los filtros de la ciencia, la filosofía y la razón. ¡El amor funciona de otra manera!

26

Un hombre orgulloso me pidió que le contara mis secretos, así que le dije:

—No puedo contarte nada porque solo puedo revelar mis secretos a alguien en quien me vea a mí mismo y no a otra persona. ¡Solo me cuento mis secretos a mí mismo! No me veo a mí mismo en ti, ¡veo a otra persona!

Hay tres maneras en las que un hombre puede acercarse a otro: una es convirtiéndose en su alumno, otra es convirtiéndose en su compañero y la última es ser su maestro. Ahora, dime, ¿cuál de ellos eres?

27

Mis palabras parecerán amargas a algunos, pero si no pueden tolerarlas, su dulzura se hará aparente al final. Cuando ves a alguien feliz aunque esté devastado por la amargura, eso es porque se centra en la dulzura que lo espera al final. Por lo tanto, el significado de la paciencia es ser capaz de ver el resultado final, mientras que la impaciencia es la incapacidad de extender nuestra visión hacia el futuro. Sin duda, el vencedor absoluto es el que puede percibir la bondad al final.

28

El objetivo esencial del devoto es encontrar un *shaykh* que tenga una visión perfecta de la vida espiritual y acercarse a él para aprender de sus rasgos, para aprender a emularlo. Sin duda, al mezclarte con otro, adoptarás su naturaleza. Si miras sin cesar un montón de heno, pronto te sentirás marchito y seco, pero si te fijas en las flores y las plantas vivas, te sentirás fresco y vivificado. La persona con la que socialices te arrastrará a su mundo. Por eso se dice que la lectura del Corán limpia el corazón: uno se acompaña de santos y profetas, habita en el estado en el que ellos vivieron y, en consecuencia, su recuerdo dejará una huella en el alma, convirtiéndose en su compañero constante.

29

Yo era teólogo y estudiaba diligentemente el canon. Ahora apenas recuerdo nada de él, a menos que de repente se me revele por su cuenta, porque ya no tengo cabeza para recordarlo.

30

Me importan muchos maestros, pero ya no les mostraré mi afecto, porque lo hice un par de veces y no me comprendieron ni me apreciaron. Los tolero para que el poco afecto que sienten no se marchite. Con Mowlânâ, sin embargo, sí me revelé a mí mismo, y mi amor no se resintió, sino que se multiplicó. No puedo decir siempre la verdad a todo el mundo porque, si lo hago, pueden rechazarme, y si digo toda la verdad, el pueblo entero me echará.

31

¡El mundo es un mal lugar para quien no lo comprende! Cuando esa persona lo descubra como es debido, dejará de tener dominio sobre ella. Alguien podría preguntar:

—¿Qué es el mundo?

—No es la vida en el más allá —le dicen.

—¿Qué es el más allá?

—El mañana.

—¿Qué es el mañana?

En efecto, el terreno del lenguaje y de las palabras es difícil y totalmente limitado. El buscador hace preguntas con la esperanza de escapar del restringido mundo del lenguaje, pero con cada nueva pregunta se enreda aún más en él.

32

El simple hecho de hablar con conocimiento de causa sobre un tema no hace posible aprenderlo. Para aprender sobre cualquier cosa, uno tiene que intentarlo con determinación y esforzarse mucho. Por ejemplo, aunque tu padre y tú hubierais parloteado durante cien años con la esperanza de que yo abandonara mi estancia en Alepo y Damasco, ¿crees que habría regresado sin más? No, no me plantee volver hasta que viniste cargado con cuatrocientos dinares [para los gastos del viaje], afrontando y tolerando las dificultades y peligros del camino y arriesgando tu sustento.

33

¡Tienes muchos obstáculos en tu camino! Para la mayoría, el dinero es su Meca, pero los grandes maestros han aflojado sus garras y ya no los atrapa. Por otra parte, para los que están enamorados del mundo, el dinero es más valioso que su dulce vida, como si ni siquiera estuvieran vivos, porque si lo estuvieran, ¿cómo podrían querer más al dinero?

34

Las medidas varían de una mano a otra y de una rodilla a otra. Tú no posees los mismos criterios que Mahoma. Has permitido que el faraón de tu ego se apodere de tu alma y has perdido el contacto con el Moisés de tu espíritu; ellos van y vienen sin tu permiso y no tienes control sobre ninguno de ellos. Aférrate a Moisés para que el faraón nunca pueda volver. Esta vacilación entre el bien y el mal no te beneficiará a largo plazo.

35

Las manchas del alma deben limpiarse; incluso una mota en tu interior causará más daño que mil manchas externas. ¿Qué tipo de agua podría lavar esa mancha interna? Tal vez unos odres de agua llenos de lágrimas, y deben ser lágrimas sinceras. Después de la limpieza, el penitente puede esperar seguridad y protección, y por fin puede dormir en paz.

36

Las lágrimas y oraciones que no abracen al Espíritu te llevarán hasta la tumba, pero no más allá. Solo las lágrimas y oraciones impregnadas de necesidad y anhelo permanecerán contigo hasta el día de la resurrección y más allá, hasta el paraíso e incluso hasta el propio regazo de Dios. El corazón que se llena de la necesidad del Espíritu está siempre despierto; si no, estará durmiendo en el lecho seco de una inundación inminente.

37

Dos hombres viajaban juntos formando parte de un grupo. Uno de ellos llevaba un cinturón lleno de monedas de oro, de las que nunca se separaba. El otro hombre esperaba ansiosamente a que el dueño del oro se durmiera para poder robarlo. Por naturaleza, el dueño del oro dormía ligero y el ladrón nunca pudo burlarlo. Llegaron al último lugar de descanso antes de alcanzar su destino, y el ladrón, que había perdido toda esperanza de conseguir su premio y pensaba que podía permitirse bromear con ello, le preguntó al hombre:

—¿Por qué no duermes nunca?

—¿Por qué debería hacerlo?

—¡Para poder golpearte en la cabeza con una piedra y robarte el oro!

—¿De verdad? Ahora, con esta esperanza en mi corazón, por fin podré dormir tranquilo.

38

Todo el mundo alaba a su propio *shaykh*, ¡pero el Profeta en persona me inició mientras dormía! Me dio una túnica de iniciación que no se parece a ninguna otra, no es de esas que envejecen a los dos días y se echan al horno de la casa de baños, ni de las que se usan para limpiarse después de ir al retrete. Es una túnica de conversación espiritual, y no del tipo de conversación que se puede entender con la mente, sino de una que es intemporal, ¡que trasciende el ayer, el hoy y el mañana! En cualquier caso, ¿qué podría tener que ver el amor con el hoy y el mañana?

39

Un ratón se encontró por casualidad con las riendas de un camello; las agarró con los dientes y empezó a dirigirlo con orgullo. El camello, sin que el ratón lo supiera, había sido desobediente ante Dios y, sintiéndose culpable y abatido, permitió que el ratón lo guiara, pensando que esa era sin duda la voluntad de Dios. Mientras tanto, el ratón imaginó que era su propia fuerza la que había abrumado al camello, y le ordenó:

—Sigue caminando, yo te guiaré.

El camello pronto se dio cuenta de que estaban a punto de llegar a un curso de agua y se detuvo. El ratón exclamó:

—¿Por qué te detienes?

—Hay un ancho arroyo ante nosotros; permíteme comprobar qué profundidad tiene. Quédate atrás.

El camello comprobó la profundidad del agua, dio un paso atrás y le dijo al ratón:

—Es fácil, ven, solo me llega a la rodilla.

—Sí, ya lo veo, ¡pero hay una diferencia entre tu rodilla y la mía!

—¿Te has arrepentido ya y no vas a volver a ser insolente? Y si alguna vez lo eres, demuestra tu insolencia con alguien que tenga la misma altura de rodilla que tú —dijo el camello tímidamente.

LOS DICHOS DE SHAMS

—Me he arrepentido, me he arrepentido —repitió el ratón—, ahora súbeme a tu lomo, por favor.

El camello se arrodilló para que el ratón se subiera a su joroba. Dijo:

—Si hay un arroyo, el río Jeyhoun, o incluso el mayor de los mares por delante, no temas; ¡siempre te transportaré porque soy intrépido!

40

Hasta que aprendan a confiar en mí incondicionalmente y a respetarme en público, seré duro con mis amigos. Ellos me preguntan por qué soy amable con los extraños y poco amable con ellos. Yo, a mi vez, simplemente les pregunto: ¿No ven mi eterna bondad hacia ellos? También les digo que, si los grandes santos en toda su gloria vivieran y pudieran vernos juntos, ¡su mayor deseo sería sentarse con nosotros un momento! Soy más duro con los que más quiero, pero es solo para que renuncien a su antagonismo y desconfianza a fin de que yo pueda hacerlos partícipes de mis secretos. El antagonismo y la desconfianza no tienen cabida entre las creaciones de Dios.

41

¡Yo soy todo luz y brillo con fulgor desde dentro! Yo era un embudo de agua girando sobre sí mismo, hervía, daba vueltas y producía hedor hasta que Mowlânâ me encontró. Ahora fluyo constantemente, fresco, nuevo y contento.

42

El *morīd* no es inmune a las tentaciones del mundo hasta que su formación se completa, y por eso necesita estar cerca de su *shaykh*. Un soplo de aliento frío orientado hacia él puede volverlo gélido, como un veneno mortal, como la exhalación de un dragón, que ennegrece todo aquello sobre lo que respira. Una vez que el novicio ha completado su adiestramiento y se le considera preparado y bien cocinado, ya no corre peligro si se separa de su mentor.

43

Si se levanta un velo entre el *morīd* y su *shaykh* y la oscuridad desciende sobre él, en ese momento debe rezar con más fervor para que se levante el velo. Conforme la oscuridad aumenta y el *shaykh* desaparece de su vista, el estudiante debe redoblar sus esfuerzos. No debe desesperar cuando la oscuridad se alarga; con el tiempo, la luz reaparecerá y también durará más.

44

La mayoría de los residentes del inframundo son inteligentes; algunos de ellos son filósofos y eruditos que se ocultan detrás de su sagacidad como si fuera una máscara. Como la tribu corrupta de Yajouj, a veces dicen que por delante no hay camino y otras veces dicen que hay un camino, pero es difícil y está demasiado lejos. En efecto, el destino está lejos, pero una vez que comiences el viaje, estarás tan extasiado que no sentirás la distancia. Campos de flores de colores y árboles frondosos rodean las arenas del infierno, pero puedes oler que su asqueroso hedor asciende y va hacia ti, contaminando tu hermoso camino. El jardín del Edén, sin embargo, está rodeado de un huerto de espinas, pero puedes detectar que el aroma del paraíso se acerca a ti, trayendo noticias de los amantes internos y transformando las espinas en objetos de gran belleza.

45

Si una persona que no sabe nadar, aunque tenga la fuerza de un león, cae al mar y empieza a patalear y a chapotear salvajemente, el mar la devorará, pues esta es la costumbre del mar. Hundirá al vivo hasta que se ahogue y perezca, y una vez que se haya ido, el mar se convertirá en su portador. Sin embargo, si esta misma persona yace quieta sobre el agua como si estuviera muerta, el mar no la succionará. Ahora, hazte el muerto desde el principio para que puedas flotar sobre las olas del mar.

46

Mi ser es la alquimia que no necesita verterse sobre el cobre; para mí, el mero hecho de estar presente transforma el cobre en oro. ¡Esta es la alquimia perfecta!

47

—¿Por qué no salvaste a las masas de la oscuridad de la ignorancia? —le preguntaron al Profeta.

—Algunos sufrimientos no pueden aliviarse. Hay algunas enfermedades para las que los cuidados del médico son inútiles, mientras que hay otras que pueden curarse y sería un pecado no atenderlas —respondió.

48

Cuando el enemigo ha conquistado y ocupado una fortaleza, es imperativo y honorable atacarla y destruirla. El intento de construirla y hacerla prosperar bajo el gobierno del enemigo es un pecado equivalente a una traición. Una vez reconquistado el fuerte e izado de nuevo el estandarte del rey, es a su vez desleal y sedicioso intentar destruirlo, mientras que reconstruirlo y hacerlo prosperar es esencial y presta un servicio.

49

Hablar en compañía de un orador erudito es mostrar malos modales, a menos que seas capaz de ofrecer una visión novedosa. ¡Es como llevar dinero en efectivo al agente de cambio y pedirle que separe los billetes falsos de los auténticos!

50

Todos los casos de deshonestidad y corrupción del mundo se han producido porque alguien ha imitado a otra persona, ya sea copiándola o refutándola. La imitación hace que una persona se caliente y se enfríe, ya que cada día encuentra algo diferente. Si en una ocasión se encuentra con la verdad y desea cambiar de opinión sobre un asunto en el que estaba equivocado, debe ocultarlo, porque la gente sabrá que hasta entonces ha estado imitando a otros. No revelará nada porque se arriesga a perder la confianza de la gente, así como toda la confianza en sí mismo.

51

Si pudieras hacer algo para que yo no tuviera que irme para beneficiarte y pudiéramos lograr lo que es necesario sin necesidad de viajar, sin duda valdría la pena, pues soy incapaz de ordenarte que te vayas. Por lo tanto, me encargaré de soportar la molestia de viajar, porque la separación nos hace madurar. Estando separados, uno empieza a pensar en todas las cosas que debería haberse dicho abiertamente y en lo fácil que habría sido ser franco en lugar de decirlo todo enigmáticamente en un esfuerzo por evitar la discordia. Habría sido mucho más fácil que tolerar las dificultades del viaje y de estar separados. Si es necesario, haré cincuenta viajes por tu bien, ¡qué importa si me voy o no! Es todo para tu mejora; por otra parte, ¿qué más da estar en Rûm o en Damasco, en La Meca o en Estambul? Para mí no hay ninguna diferencia, aparte de que, ciertamente, viajar hace madurar a la persona de muchas maneras.

52

Eblīs, o el diablo, puede aparecer en las venas del hombre en cualquier momento, pero nunca en las palabras de un derviche, porque el derviche no es el que habla. Se ha disuelto en Dios; está en un estado de *fanâ*, o nada, y es un *fâni*, una nada, y ya no existe. Sus palabras vienen del otro lado. Es como tener una tráquea hecha de piel de cabra; cuando soplas en ella, el sonido que emite no es el de la cabra, sino el tuyo, porque la cabra, aparte de un insignificante remanente de piel, hace tiempo que desapareció. El derviche no enseña sus propios pensamientos, pues está vacío de sí mismo y ha sido agraciado por Dios para entregar Sus mensajes.

53

—¿A qué distancia está Dios de nosotros?
—¡Tan lejos como tú estés de Dios!

54

La mente te conducirá a la puerta, pero nunca dentro de la casa, pues dentro, el razonamiento es un velo, la mente es un velo, ¡incluso el corazón es un velo!

55

Hablar con el ignorante es extremadamente dañino, incluso está prohibido por la religión: ¡es *harâm* (prohibido)! Comer la comida del ignorante está prohibido, y si alguna vez lo intentara, me costaría tragarla, ¡se me atascaría en la garganta!

56

Criticas al adorador de ídolos por rezar a un objeto o a una pared que ha pintado. ¡Tú también te diriges a una pared y rezas! Este es el secreto de Mahoma que tú no comprendes. La Kaaba, la casa de Dios, está situada en el centro del mundo y la gente se vuelve hacia ella desde todas partes. Si se quitara la Kaaba del centro, todo el mundo estaría frente a frente, ¡postrándose ante los corazones de los demás!

57

Nunca he tenido la costumbre de anotar nada. Cuando no apunto mis pensamientos, se quedan conmigo y cada momento los revela bajo una nueva luz.

58

Con nosotros, ¡nadie se vuelve musulmán al primer esfuerzo! Uno oscila muchas veces entre la creencia y la incredulidad y cada vez encuentra una nueva comprensión hasta que está completo.

59

Yo no acepto discípulos; en su lugar acepto a los *shaykhs*, ¡y no a cualquier *shaykh*, sino al perfecto!

60

Un agricultor estaba arando su campo cuando lo vio un transeúnte que, incapaz de distinguir entre construir y destruir, se quejó:

—¿Por qué revuelves este campo tan sano?

El hombre no tenía ni idea de que, si el campo no se labra, no crece nada y la tierra se pudre. ¿No es cierto que para construir algo nuevo, primero hay que revisar y poner a punto lo viejo?

61

Dichoso aquel cuyos ojos están dormidos pero cuyo corazón está completamente despierto. ¡Ay de aquel cuyos ojos están despiertos pero cuyo corazón siempre duerme!

62

¡Qué alegría ver el elefante en su totalidad! Aunque cada una de las extremidades es asombrosa en sí misma, ¡contemplar la totalidad conlleva otro nivel de alegría!

63

Bayazid, el gran sufí, peregrinaba a La Meca y, como era su costumbre cada vez que entraba en una ciudad nueva, primero presentaba sus respetos a los *shaykhs* del lugar y después se ocupaba de sus otros asuntos. Llegó a Basora y visitó a uno de los *shaykhs*, que le preguntó por su destino:

—Me dirijo a la casa de Dios en La Meca.

—¿Qué provisiones llevas para el viaje?, preguntó el derviche.

—Doscientos dinares —respondió Bayazid.

—¡Levántate y da siete vueltas a mi alrededor, luego dame tu plata! ¿Adónde crees que vas, gran Bayazid? Es cierto que la Kaaba es la casa de Dios, y también lo es mi corazón. ¡Te juro que, desde que se construyó la Kaaba, Dios no ha puesto un pie allí, y desde el día en que mi corazón fue concebido nunca ha estado vacío de Él!

Bayazid se puso en pie de un salto y depositó las monedas de plata ante el *shaykh*.

64

«¡Dios, haz esto! ¡Dios, no hagas eso!», repite el tipo, ¡como si estuviera ordenando al rey que hiciera tareas domésticas! ¡Está convirtiendo al Rey en su siervo!

65

Cierto tipo de pobreza te llevará a Dios y te hará rehuir todo lo que no sea enteramente de Él; otro tipo de pobreza te hará dar la espalda a Dios y encontrar falso consuelo en las masas no iluminadas.

Donde no crezca una flor, una espina ocupará su sitio. Donde no haya un altar, habrá una horca en su lugar.

66

No tengo conciencia de mi propia cabeza o barba, que son las cosas más cercanas a mí; ¿cómo podría ser consciente de ti?

67

Cuando alguien tiene potencial para el logro espiritual, los profetas y los santos facilitarán su flujo y le abrirán el camino, pero cuando no hay potencial, ¿qué hay que facilitar?

68

Los secretos de los mensajeros divinos están ocultos para el hombre común; por eso intentan estudiar sus escritos. Pero cada persona hace su propia interpretación y acaba condenando a los mensajeros. La gente nunca condena sus propias interpretaciones ni admite que puedan estar equivocadas, sino que siempre echa la culpa a las palabras escritas.

69

El calígrafo escribió tres notas: la primera la podía leer él y nadie más; la segunda la podían leer tanto él como los demás; pero la tercera, ni él ni nadie más podía descifrarla. ¡Esa tercera nota es el «yo»!

70

En un juicio se pidió a un acusado que aportara testigos, por lo que llevó a diez sufíes. Al verlos, el juez le pidió que llevara otro testigo más:

—Mi señor, le he traído diez buenos testigos, ¿y todavía me pide uno más?

—¡Aunque hubieras traído cien mil sufíes, todos contarían como uno!

71

Me gustan los infieles porque no pretenden ser mis amigos. Admiten que no son creyentes, que son mis enemigos. Puedo enseñarles amistad y cómo llegar a ser uno conmigo. El que finge ser mi amigo pero no lo es, ¡ese es el verdadero enemigo!

72

Cuando estoy alegre, aunque el mundo entero esté empapado de tristeza, no me afecta, y si estuviera triste, ¡nunca permitiría que nadie se viera afectado por mi tristeza!

73

Un *morīd* estaba criticando a otro, diciendo que no debería tratar de recopilar mis secretos. Le pregunté al primero cómo había llegado a esa conclusión. Me contestó:

—¡Él siempre dice que las cosas deben hacerse de tal o cual manera! Si se rindiera totalmente a ti, ¿cómo podría pretender conocer estas cosas mejor que tú?

—Entonces, ¿no consideras que tu crítica es la misma que la suya cuando dices: «Esto debe hacerse así y lo otro debe hacerse de la otra manera»? Entonces, tal vez ¡no se debería hacer lo que tú dices!

Esto me recuerda al indio que rompió su oración hablando en medio de ella, y otro que también estaba rezando rompió la suya para reñirlo.

74

Amistad es que, al encontrar a tu amigo dormido, agarras las sábanas y se las quitas, dejándolo desnudo ante los ojos de todos, como Noé ante su hijo, y le pones un arma en su cara oscurecida, ¡arrancándole el velo de su sueño! La amistad no consiste siempre en reír y alegrarse, temiendo en todo momento ofender. Eso no es bondad ni tampoco verdadera amistad.

75

El corazón es más grande que el cielo y aún más expansivo que las esferas celestes ¡y, sin embargo, es tierno y delicado, brillante y claro! ¿Por qué constriñe la gente su corazón con sus pensamientos y tentaciones, convirtiendo su vida en una estancia en prisión? ¿Qué prudencia hay en convertir un bello jardín en una funesta cárcel? ¿Qué sentido tiene tejer un capullo de pensamientos adversos y provocaciones alrededor del cuello de uno mismo, aprisionándose y asfixiándose? Sin embargo, ¡yo convierto esa prisión en un jardín para mi propio beneficio! ¿Te imaginas cómo será mi jardín si mi prisión es un jardín?

76

¿Por qué limitar nuestra vida con pensamientos negativos? Cualesquiera que sean las consecuencias, hay que compartir y comentar rápidamente los pensamientos con los amigos para así liberarse de ellos. No te tortures sobre cómo expresar tus pensamientos a tu amigo porque, probablemente, él ya sabe lo que estás pensando.

77

La mayoría de los guías espirituales están ocultos para nosotros. La gente exagera cuando dice que una persona es todo bondad. Suponen que eso es la perfección, ¡pero no es así! El que es todo bondad es, de hecho, imperfecto; no es justo decir que Dios solo le ha concedido bondad. Le estás negando la posibilidad de poseer también ira, incluso cólera. En efecto, es necesario tener capacidad tanto para la bondad como para la cólera, pero cada una en su lugar. El ignorante posee ambas capacidades, pero no sabe cuándo es adecuado aplicarlas, y así exhibe estos rasgos movido por la estupidez y la falta de dirección.

78

Los giros de los hombres de Dios son gentiles, de naturaleza delicada, como una hoja flotando en la superficie del agua. Por dentro, sus movimientos son fuertes y robustos como una columna, ¡pero por fuera parecen ligeros como la paja!

79

¡El chef derramó algo de comida sobre la túnica del rey! El rey ordenó que lo ahorcaran. Entonces, el chef dejó caer el resto de la bandeja sobre el regazo del rey. A este le pareció gracioso y le preguntó por qué lo había hecho:

—Al principio no derramé mucho, pero como ordenaste que me ahorcaran y ya no tenía nada que perder, ¡pensé que podía derramarlo todo!

80

El propósito de la creación es que dos amigos se encuentren y se sienten uno frente al otro para encontrarse con Dios lejos de todas las tentaciones. El propósito de la creación no es el pan ni el panadero, la carne ni el carnicero;

¡todo gira en torno a esa ocasión en la que estoy en compañía de Mowlânâ!

81

En la lápida funeraria de alguien estaba escrito que ¡solo había vivido una hora! Quisiera que, si mi vida durara solo una hora, pudiera estar al servicio de Mowlânâ.

82

El hombre consciente de sí mismo es aquel que está contento incluso en tiempos de tristeza, pues sabe que la esperanza está entrelazada con la desesperanza. En la desesperación hay esperanza, ¡y en la esperanza está la tristeza de la desesperación inminente! El día que me tocó sufrir una fiebre alta, me alegré sabiendo que al día siguiente estaría rebosante de buena salud. Por el contrario, el día que me encontraba en mejor estado de salud, sabía que llegaría el momento de sufrir.

83

Busca una amante de la que enamorarte, y si no te enamoras completamente de ella, ¡busca otra! Hay muchos rostros bellos ocultos tras sus velos.

84

Tres amigos, un musulmán, un cristiano y un judío, viajaban juntos; por casualidad se encontraron un poco de dinero y decidieron comprar con él un dulce llamado *halva*. Como era bastante tarde y no había suficiente para los tres, decidieron que el que tuviera el mejor sueño esa noche se comería todo el lote al día siguiente, con la esperanza de negarle al musulmán su parte. Sin embargo, el musulmán se despertó en medio de la noche, pues ningún amante al que se le ha negado su amor puede dormir, y se comió todo el dulce. A la mañana siguiente, el cristiano contó su sueño:

—Soñé que Jesús bajaba del cielo y me llevaba con él.

Y el judío se jactó:

—Soñé que Moisés me llevaba con él al paraíso, ¡y me di cuenta de que tú y Jesús solo estabais menguando en el cuarto cielo! ¿Cómo se puede comparar la belleza del paraíso con lo que tú viste?

El musulmán dijo serenamente:

—Mahoma vino y me dijo: «¡Pobre hombre, uno de ellos fue llevado al cuarto cielo y el otro al mismísimo paraíso! Has sido privado injustamente; mereces comerte toda el *halva*».

De modo que me lo comí todo.

Los otros dos estuvieron de acuerdo en que su sueño era el mejor mientras que el de ellos no había sido más que una vana fantasía.

85

Cuando abrazas al jardinero, el jardín pasa a ser tuyo y puedes coger los frutos de todos los árboles.

86

Las promesas de Dios nunca se incumplen.

87

Estás anticuado, ¡por eso yo te parezco anticuado a ti! Mírame con ojos nuevos y frescos, pues yo nunca envejezco ni me quedo anticuado. Tampoco te dejes envejecer y anquilosar, y si de repente empiezas a sentirte mayor, busca la razón; piensa con quién has estado socializando. ¿Te has consumido con los que se dejan llevar por sus tentaciones? ¿Qué te ha pasado? ¡Cúlpate a ti mismo! Reaviva tu anhelo, rejuvenécelo, porque yo ya soy nuevo. Pruébate a ti mismo, pues yo ya he sido probado y no necesito tu aprobación, y si intentas ofrecérmela, es a causa de tu propia inseguridad.

88

Ser un derviche es estar siempre en silencio.

89

Las apariencias son muchas y variadas, pero la esencia es siempre una y la misma. Recuerdo que Mowlânâ dijo:

—La gente es como un racimo de uva, de modo que cada grano puede estar separado, pero cuando se los aprieta para hacer zumo, ¿puede alguien distinguir uno de otro?

90

Leer mil tratados de espiritualidad a una persona que no tiene la disposición de comprenderlos ¡es como cargar un burro con una tonelada de libros!

91

Un día, un predicador estaba dando un sermón desde el púlpito: «Anhelo la compañía de alguien con quien pueda tener conversaciones espirituales sustanciales».

Una mujer de la multitud se levantó y se quitó el velo, descubriendo su rostro. El predicador la reprendió y le dijo que se sentara. Ella exclamó:

—¡No eres más que un farsante y no un verdadero hombre santo! Tus palabras no tienen peso. Puede que quieras predicar la verdad de Dios, pero ¿quién eres tú para hablar de Su verdad? No es tuya para hablar de ella. En el día de la resurrección no habrá diferencia entre el hombre y la mujer; ¡todos serán iguales ante los ojos de Dios!

El predicador no habló más.

92

¡Esos hombres que hablan desde los púlpitos y dirigen las oraciones son los ladrones de nuestra religión!

93

Mowlânâ es suficiente para mí, pero debes recordar que, aunque leas la página que está frente a ti, también debes leer el lado de la página de tu amante, pues te beneficiará enormemente. Todo tu sufrimiento proviene del hecho de que no lees lo que tu amante ha escrito en su lado de la página.

94

¡El día de la resurrección es ahora! El velo de lo oculto se ha descorrido y todo está a la vista, ¡pero solo para los que tienen una visión impoluta!

95

En las *khâneghâhs*, o casas sufíes, los derviches residentes no pueden tolerar mi presencia. Cuando hablo en las escuelas, mis palabras enloquecen a mis alumnos y colegas, ¿y por qué deberían los hombres sabios volverse locos? No puedo hablar con ellos, ¡solo puedo decir que soy un sufí! No formo parte de esta casa sufí, que está llena de hombres buenos, ¡pero de hombres que no tienen la capacidad de comprar su propia comida y cocinarla!

96

¿Qué es un *shaykh*? ¡Existencia, presencia, ser!
¿Qué es un *morīd*? ¡Nada!
Hasta que el *morīd* no se convierte en nada,
aún no es un *morīd*.

97

Cuando alguien se encuentra conmigo, se convierte en un verdadero musulmán o en un ateo acérrimo. Al no comprender mi esencia, solo entenderá mi forma exterior, por lo que encontrará defectos en mi piedad superficial. Siendo ambicioso, se imaginará que él tampoco tiene necesidad de rezar sus oraciones, perdiendo así todas las ventajas, todos los beneficios que se derivan de la oración.

98

Recuerda mi voluntad: nunca repitas lo que te digo. Nunca repitas mis palabras. Si te piden que describas lo que has oído, di que ha sido agradable y que te ha dado vida, pero que no podrías repetirlo aunque lo intentaras. Pregúntales: si necesitan oírme, ¿por qué no vienen y me escuchan ellos mismos? Cuando los vea, sabré si me gustaría hablar con ellos, si son dignos de ello. De no ser así, guardaré silencio.

99

Mowlânâ ha sido bendecido naturalmente con un conocimiento espiritual ilimitado y no está obligado a compartirlo con los demás. Yo, sin embargo, he sido bendecido con las revelaciones de Dios desde la infancia y se ha decretado que enseñe a los hombres de tal manera que sean capaces de liberarse del yugo de sus egos y así mejorar su vida.

100

Las masas creen que deben rezar y ayunar más durante los meses sagrados especiales porque entonces Dios las mirará con más misericordia. ¿Cómo es posible? ¿Acaso Dios no los ve en todo momento? ¿No puede oír y hablar en todo momento? ¿Cómo puedes decir que solo ve los actos de sus súbditos durante los meses sagrados mientras que el resto del tiempo puedes beber y cometer actos inmorales a voluntad? ¿Cómo te atreves a afirmar que Él no puede ver porque no está aquí hasta el próximo mes sagrado, de modo que puedes sacar el vino y emborracharte?

101

Yo era una jarra de vino divino, con la tapa sellada, desconocida para todos. Sin embargo, presté mis oídos al mundo y escuché, y cuando se rompió el sello del vino, fue por el bien de Mowlânâ. Quien se beneficie de este vino se lo debe a él. Yo pertenezco a Mowlânâ y mi única intención es devolverle la bendición.

102

Los profetas no te dan lo que no tienes. Intentan pulir el espejo de tu corazón para borrar la miríada de sombras que lo ocultan. ¡El único propósito de sus esfuerzos es levantar tus velos para que puedas encontrar la verdad por ti mismo!

103

El ignorante solo puede entender su propia escritura; es incapaz de descifrar la de los demás. Si hubieran sido capaces de comprender aunque solo fuera una línea de lo que escribe su amigo, ¡no dirían tantas tonterías! Se hacen ilusiones, se aferran a conceptos erróneos, crean ídolos para sí mismos y se convierten en sus esclavos.

104

—Mowlânâ está libre del mundo mientras que Shams no lo está, pero Mowlânâ nos dice que, como no nos gusta Shams, nos apresuramos a acusarlo de mezquindad y avaricia —se quejaban algunos estudiantes.

No saben que los ojos aprobadores del amor son incapaces de detectar defectos en aquellos a los que aman.

105

Los ojos de la bondad y del amor son incapaces de encontrar defectos, mientras que los ojos de la ira y de la enemistad solo pueden percibir el mal. Amar significa estar ciego a cualquier mal, igual que una madre que ama a su hijo no puede reprocharle nada.

106

Mientras Rumi defendía la posición de Shams ante sus seguidores, Shams también tuvo unas palabras que añadir para su propia defensa: «Las palabras de apoyo de Mowlânâ quizá adolecen de debilidad, así que dejadme que os cuente cómo son las cosas. Alguien ata a su burro cojo y le da de comer heno día y noche, pero la bestia se caga en él cada vez. Otro hombre monta en su caballo árabe, que continuamente lo pone a salvo de innumerables bandidos y otros peligros y calamidades en el camino. Aunque Mowlânâ ya está conectado con el mundo espiritual, el caballo desempeña un papel importante en su progreso espiritual».

107

Lego a Baha'edin (sultán Valad), el hijo mayor de Rumi, tres consejos para que pueda progresar en su búsqueda espiritual. Tiene todas las buenas cualidades que necesita; por ejemplo, si consiguiera cien mil dírhams, seguro que los regalaría al instante. Sin embargo, me gustaría dejarle mis tres deseos: el primero es que no mienta nunca; el segundo, que no consuma hachís (como hacen algunos derviches); y el tercero, que se mezcle menos con sus compañeros. Pero mentir es el peor de todos los males.

108

¡Qué gran diferencia hay entre la persona cuya alegría proviene de su ego, la que ha encontrado la alegría en su corazón y una tercera que solo puede encontrar alegría en Dios!

109

En un *hadiz,* Dios habló a Moisés:

—¡Oh, Moisés, tuve hambre pero no me diste de comer! ¿Qué harás si vuelvo a llamar a tu puerta?

—¡Oh, Dios, tú estás por encima de ir a cualquier puerta!

—¿Y qué pasa si lo hago? —insistió Dios—. De verdad, tengo mucha hambre; prepárame algo de comida y mañana volveré.

Al día siguiente, al amanecer, Moisés empezó a preparar una gran variedad de platos; pronto todo estuvo listo para ser servido, excepto que no tenía suficiente agua. En ese momento llegó un derviche a su puerta pidiendo limosna.

—¡Has llegado justo a tiempo! —dijo Moisés, que procedió a entregarle dos cántaros para que los llenara con agua del pozo.

—Te serviré cien veces —dijo el derviche.

Cogió los cántaros, los llenó de agua y regresó. Moisés le dio a cambio una hogaza de pan.

Después de haberse tomado muchas molestias para crear un festín para Dios, Moisés se sentó a esperar. Pasaron las horas y no había señales de Dios, así que distribuyó la comida entre sus vecinos preguntándose cuál sería la moraleja de este asunto. ¿Estaba el secreto en ser amable con los vecinos? ¿O se trataba de mostrar su irrefutable sumisión al Señor? Este episodio pasó, hasta que más tarde Moisés tuvo una revelación y preguntó a Dios:

—Me ordenaste que Te preparara una comida, pero nunca viniste.

—¡Vine, pero ni siquiera me diste una hogaza de pan sin que antes te trajera dos jarras de agua!

110

Un dinar de Mowlânâ vale cien dinares que pertenezcan a otra persona, incluidos sus seguidores. Si alguien se encuentra alguna vez a mi lado, es gracias a Mowlânâ, ¡pues gracias a él se abrió por fin una puerta cerrada! Soy un experto en conocer a Mowlânâ porque hablamos abiertamente y nunca ocultamos lo que queremos decir. Cada día aprendo algo nuevo de sus acciones y de su estado mental, algo que antes no sabía. Debes aprender a comprender mucho mejor a Mowlânâ para poder acabar con tu estado de estancamiento. No te conformes con las hermosas palabras que salen de su hermosa boca; busca lo que hay más allá de ellas. Pídele que te revele lo que está oculto.

111

Mowlânâ tiene dos tipos de enseñanzas: una ofrece la verdad de forma directa, mientras que la otra oculta el significado. Todos los santos desearían seguir vivos hoy para poder participar de estas verdades.

112

En una ocasión, una mula le preguntó a un camello:

—¿Cómo es que yo siempre me caigo de bruces y tú casi nunca?

—Cuando llego a un paso, miro alrededor para ver lo que tengo por delante porque soy alto y capaz y tengo una visión perfecta. Echo un vistazo hasta donde me alcanza la vista y otro a lo que tengo a los pies, y luego doy un paso adelante —respondió sabiamente el camello.

113

Hay un remolino que asusta a todo el mundo, ¡excepto a un nadador capaz! Él no está dispuesto a salvarse a sí mismo sin antes ayudar a los demás. Los demás pueden pensar que el remolino los arrastra sin saber que el nadador está allí para salvarlos. En cada remolino, en cada mar, existe una estrecha ruta de escape que hay que buscar para ponerse a salvo.

114

¡Estoy hablando del gran Tesoro y sigues preocupado por un penique, temiendo perderlo!

115

Puede que no poseas mucho, pero guarda un poco de lo que tienes a buen recaudo para mí y escóndelo. Puede que la cantidad sea escasa y, desde luego, no me haré rico con ello ni me convertiré en un derviche pobre por no tenerlo, pero a ti te abrirá puertas. Un día, de repente, es posible que experimentes la gracia del mundo espiritual, y entonces nada de este mundo volverá a importarte.

116

Hay hombres que me interrumpen y tratan de alardear de sus conocimientos, como ese Sharaf Lahâvari, el llamado místico. Continuó dándome lecciones sobre cómo los santos reciben mensajes del mundo espiritual y que para algunos los mensajes llegan regularmente y para otros solo se presentan de vez en cuando. Por el amor de Dios, para empezar, ¿quién eres tú para hablar de santos? Y si me alejo de él, se quejará de que le tengo celos, ¡de que soy su enemigo!

Tengo la costumbre de rezar por los judíos para que encuentren guía. También rezo por el que me maldice, esperando que Dios le muestre una ocupación mejor que maldecir y que aprenda a rezar y se ocupe del Espíritu. ¿Cómo puede Lahâvari siquiera empezar a imaginar si yo soy un santo o no? ¿Qué le importa, me gustaría saber? Es como cuando a Jouhi, ese personaje ridículo, le dijeron que la gente llevaba bandejas llenas de regalos por la calle, y él dijo:

—¿Y a mí qué me importa?

Entonces, el compañero de Jouhi le respondió que la gente estaba llevando esos regalos a su casa, y él dijo:

—¿Y a ti qué te importa?

117

Cuando doras la verdad tratando de ocultar su significado, puede que molestes a unos pocos, pero la mayoría se sentirá complacida y emocionada. Si eres directo y no ocultas la verdad, probablemente la mayoría no sentirá emoción ni entusiasmo, a menos que estén dotados de la capacidad de escuchar y tolerar con placer la verdad absoluta.

118

Un sufí sostenía que al principio del viaje espiritual hay que aprender sobre las tradiciones místicas y participar en debates, y que a partir de ahí el camino debería ser claro y recorrerlo, simple. A lo que Shams replicó:

—¡Te he dicho cómo llegar a la primera estación, pero no lo has hecho! ¿Ahora me preguntas cómo llegar a las estaciones que están más adelante? Te instruyo para que inicies el viaje y te acompañaré hasta la primera parada, después de la cual sabrás con certeza qué camino es más seguro. ¡Pero debes llegar a la primera parada!

119

Los que creen en el único Dios y han sido fieles a su palabra no temen a la muerte. Cuando lleguen a sus tumbas, verán una hueste de luces y el ángel de la muerte no les dará miedo. De hecho, para ellos, Azrael es un ángel de vida, pues los liberará de esta existencia oscura y estrecha que ha sido su prisión.

120

Dicen que cuando los hombres envejecen se vuelven como niños; pues bien, yo les digo que eso no es aplicable a todos. Los santos y los profetas no se comportan de esa manera y Mowlânâ tampoco, como tampoco lo hizo su venerado padre, que vivió más allá de la madura edad de ochenta años y cada día se volvía más sabio. Por lo tanto, reitero que esta afirmación no es cierta para todo el mundo.

121

Cuando dicen «Las bendiciones las otorgan los grandes hombres», ¿qué quieren decir con «grandes»? ¿Se refieren a la edad o a otros aspectos visibles que dependen del tiempo e inevitablemente se deteriorarán? ¿O quieren decir grandes en cuanto a su esencia, en el sentido de que nunca cambia y siempre está presente?

122

¡A veces no hay otro camino que guardar silencio y rendirse!

123

La verdadera ventaja reside en el hecho de que, cuando tomas un bocado de comida, debes esperar hasta que se haya digerido y haya ofrecido toda su bondad antes de tomar el siguiente bocado. Esto es sabiduría. Ahora bien, la cosa cambia si alguien está enfermo y sufriendo y necesita desesperadamente consumir su comida con rapidez; una persona así no debe experimentar con nuestro tipo de comida. En cuanto a mí, cuando empiezo a estudiar una ciencia, hasta que no he captado firmemente la esencia de cada lección no empiezo otra nueva. No hay motivo de crítica si un estudiante tiene que leer un tema muchas veces para comprenderlo e interiorizarlo correctamente. Nunca comenzaré un nuevo tema con Mowlânâ a menos que haya comprendido plenamente su lección del día anterior. Es infinitamente más sabio repetir y repasar un tema muchas veces, logrando una verdadera comprensión, que estudiar mil temas de manera superficial.

124

Presta atención y observa el preciso momento en que experimentas la apertura de tu corazón. Para algunos, esto ocurre cuando vienen a nosotros; para otros ocurre cuando se van. Me pregunto cómo es para ti.

Sé consciente de que no puedes unirte al Señor con engaños.

La leche del cántaro de la fe no se sirve a cualquier borracho.

Cuando los altruistas se reúnen, ni siquiera un sorbo se desperdicia en los egoístas.

125

Esta gente hace bien en no interesarse por mis palabras, pues mi discurso es grande y poderoso y los desafía. El Corán y las palabras del Profeta han sido expresadas para satisfacer una necesidad y por eso tienen sentido para la gente, mientras que las mías no se han expresado ni para satisfacer una necesidad ni para consumar un anhelo; son tan elevadas que, si intentas apropiártelas, ¡podrías perder la cabeza!

126

La mayoría de la gente es feliz cuando se le miente y se entristece cuando se le dice la verdad. Le dije a alguien que era un gran hombre, único en su época. Se alegró mucho, me cogió de la mano y me confesó que antes se había equivocado y ahora quería estar en mi compañía. El año pasado le dije la verdad a este mismo hombre ¡y se volvió contra mí! ¡Qué extraño! Uno tiene que vivir una mentira con la gente para habitar feliz entre ellos. En cuanto uno dice la verdad, debe dirigirse al desierto, porque es imposible sobrevivir entre las masas crédulas.

127

Un grupo de personas que habían alcanzado la iluminación afirmaron que, puesto que habían llegado a un elevado estado espiritual, ¿por qué debían seguir practicando sus oraciones? Les pregunté que, si creían que habían alcanzado un estado tan elevado, ¿no pensaban que el Profeta también lo había alcanzado? ¿Y dejó él de rezar?

128

Me alojaba en la pequeña habitación de una caravanera cuando alguien me preguntó por qué no me quedaba en la *khâneghâh*, la casa sufí. Le dije:

—¡No me considero digno de la *khâneghâh!* Ese lugar es para los que no tienen tiempo de comprar comida y cocinar porque su tiempo es demasiado valioso. Ese no es mi caso.

—¿Por qué no vienes al menos a la escuela?

—No soy de los que discuten y debaten. Si hablo a mi manera, se burlarán de mí y me acusarán de blasfemia. Soy un forastero y la caravanera es más adecuada para gente como yo —respondí con astucia.

129

Las dificultades surgen cuando la oscuridad desciende sobre el alma, creando velos y distanciamiento, permitiendo que el ego tome el control e invente sus propias interpretaciones. En un espacio donde hay amor y luz, ¡el ego ni siquiera empieza a agitarse!

130

Si tuvieran la ardiente luz de la fe en sus corazones, ¿cómo podrían pagar sumas tan elevadas para comprar sus rangos y posiciones?

131

La uva que aún no ha madurado debe mantenerse a salvo del frío y del calor excesivo. Una vez que haya madurado dulcemente, el sol abrasador ya no la dañará, ni tampoco la nieve helada. ¡Lo mismo es cierto para el novicio!

132

El hombre que ha alcanzado la perfección está envuelto en luz y embriagado por el placer de conocer la verdad. Cuando está así de ebrio, ¿cómo se puede esperar que guíe a otra persona? Más allá de esta embriaguez hay un estado de conciencia en el que la bondad del hombre se impone a su ira. El hombre que está espiritualmente borracho pero que aún no ha alcanzado un estado de perfección descubre que su ira y su misericordia son iguales. Sin embargo, aquel cuya misericordia supera a su ira es apto para dirigir. Dios tiene bondad e ira en igual medida, pero Su esencia es toda misericordia y es esta la que prevalece en todo momento. Así pues, la misericordia es la vencedora final.

133

Las enseñanzas de un *shaykh* son como nueces raras, infalibles y portadoras de muchas bendiciones. Algunas personas se apartan de ellas, pues no les ven ninguna ventaja, y luego culpan al *shaykh*. El novicio que, ignorando el consejo del maestro, espera acortar el período de estudio no hará más que alargarlo. Buscar atajos al principio de un proceso solo hará que más adelante sea mucho más difícil. Si un niño supiera que se está comportando como un niño, dejaría de hacerlo.

Puedes pensar que has desechado todas las ilusiones,
¡pero los ídolos que creas y el orgullo
que sientes por ellos siguen contigo!

134

Me preocupo por ti en este momento porque, inconsciente de las dificultades de la separación, estás durmiendo feliz a la sombra fresca de la compasión de tu *shaykh*. Sin embargo, con un solo movimiento en falso puedes perder esta misericordia y después solo podrás soñar con alcanzarla de nuevo; ¡y tampoco podrás volver a ver a tu mentor y *shaykh*! Si el *shaykh* no lo desea, es imposible vislumbrarlo, ya sea en sueños o mientras estás despierto. La esperanza es valiosa y sabia cuando la posibilidad de alcanzarla es real; cuando no es así, ¿de qué sirve?

135

No hay nada malo en mis enseñanzas y, de hecho, hay mucho que ganar; sin embargo, en este mundo hay mucha gente a la que se le negará incluso una pizca de su bondad. Si mi conversación no siempre te atrae, a pesar de ello no la evites; respeta todo lo que digo para que tú también seas respetuoso. Pero si eliges ser grosero y menospreciarme, puedes estar seguro de que tu grosería se reflejará en ti, porque solo estás demostrando que eres ciego e inútil. Además, todo el respeto y el servicio que hayas prestado antes se reevaluarán en función de tu ceguera, que confunde a otros y solo es digna de desprecio.

136

Había diez compañeros sufíes; uno de ellos se enamoró de un joven cristiano y lo seguía a todas partes, incluso a la iglesia. Finalmente, el cristiano lo confrontó y, a regañadientes, el sufí le confesó su amor. El muchacho se quejó:

—¡Me revuelve el estómago encontrarme con alguien tan vil! ¿Cómo puedes siquiera imaginar que quisiera estar cerca de ti?

Al hombre no se le ocurrió otra solución que convertirse al cristianismo y empezar a llevar el cinturón de seda *zonnâr* como señal. Se despidió de sus compañeros, sorprendiéndolos a todos. Le desearon lo mejor, pero le preguntaron por qué abandonaba su compañía tan repentinamente y él les dijo la verdad: iba a comprar el cinturón. Sus compañeros, nueve en total, decidieron no abandonar a su amigo y aceptaron convertirse y llevar también el *zonnâr*, ya que eran diez cuerpos en una sola alma. El joven cristiano se cruzó con ellos y no pudo evitar preguntarles qué ocurría. Le contaron su decisión y, mientras escuchaba, sintió que un fuego se encendía en su corazón. Se arrancó el *zonnâr* y exclamó: «¡Soy el esclavo de estos hombres que sienten tanta hermandad y amor los unos por los otros! Nunca he visto tanta fraternidad entre los hombres». El padre del joven y otros parientes se reunieron a su alrededor y le regañaron por rechazar su religión a cambio de la magia de los sufíes, a lo que él respondió:

—Si pudierais ver lo que yo veo, también os enamoraríais de ellos, ¡quizá cien veces más!

137

Si tienes suerte, los buenos consejos pulirán el espejo de tu corazón y lo dejarán brillante y limpio. Pero si eres desafortunado, ¡cualquier tipo de consejo solo te ennegrecerá el alma y oxidará el espejo de tu corazón hasta hacerlo irreconocible!

138

¡Te has arrepentido! Pero ¿de qué sirve? ¡Te arrepientes cada día!

139

Los guerreros de Dios buscan la muerte tanto como los poetas el verso; los enfermos, la salud; los presos, la libertad; y los niños, las vacaciones.

140

La espiritualidad puede abordarse de dos maneras diferentes: con el corazón abierto y dispuesto a recibir revelaciones del mundo del espíritu o con la mente, mediante el estudio de los textos místicos; ambos métodos requieren diligencia y devoción, refinamiento y purificación. Aparte de estos dos, ¿qué otro camino hay sino el que lleva al infierno? Los mensajeros de Dios nos invitan a familiarizarnos con ellos, ya que nuestra separación de ellos solo es aparente y superficial. Puesto que todos estamos conectados y formamos parte unos de otros, ¿por qué habríamos de olvidarnos del todo? Sin embargo, por desgracia, muchos de nosotros rechazamos su invitación y no queremos tener nada que ver con ellos, sin ser conscientes de que todas las dificultades que toleramos, los refugios superficiales tras los que nos escondemos, solo crean más velos que limitan nuestra visión. De hecho, si nos sometiéramos a los mensajeros de Dios, nos beneficiaríamos fácilmente de una revelación tras otra ¡y descubriríamos una verdad tras otra!

141

—¡Ellos son las espinas de la sociedad; hay que prenderles fuego! —exclamó él con superioridad farisaica.

Yo le dije:

—Ese es el camino de Noé, no el de Mahoma. Noé ordenó aniquilarlos a todos, pero el camino de Mahoma era compadecerse de quienes lo trataban mal. Los consideraba ignorantes y, en definitiva, eran dignos de ser conducidos a la verdad.

142

Cuando dormimos, soñamos con escenarios que ocurren en el mundo real, pero Dios elige revelarlos en nuestro sueño debido a nuestra naturaleza delicada, hasta que nos acerquemos más a la perfección y podamos afrontarlos sin velo.

143

¡Juro que estas personas que asisten a las escuelas lo hacen para sobresalir en el mundo material y nada más! Buscan el éxito para mejorar su posición social. Los conocimientos que adquieren están pensados para salvarlos de los problemas y no solo para llevarlos de una situación problemática a otra. ¿Por qué no quieren saber quiénes son realmente, para qué están aquí y a dónde van? ¿Por qué no se preguntan cuál es mi esencia, qué estoy haciendo de mí mismo en este instante y qué me espera más adelante?

144

Cotillear es el más grosero de los pecados, peor que todos los demás juntos.

145

Un hombre de mediana edad fue a la barbería y pidió al barbero que le separara los cabellos blancos de los oscuros y que se los cortara para parecer más joven ante su nueva novia. El barbero echó una ojeada a la barba y vio que había demasiados pelos blancos para completar la tarea. Le cortó toda la barba y le entregó los mechones diciéndole:

—Sepáralos tú, ¡yo tengo trabajo que hacer!

146

La oración es como un bastón para los ciegos; sin ella, los beneficiarios nunca percibirían el aroma de lo divino.

147

Un seguidor del Profeta le oyó decir que Dios se alegraba mucho cuando veía a Sus siervos rezar sinceramente todas las mañanas durante cuarenta días seguidos y que los recompensaría con una gran sabiduría que más adelante podrían compartir con los demás. El hombre hizo lo que había entendido y rezó durante cuarenta días, pero no se sintió diferente. Fue a ver al Profeta y se quejó de que no estaba sintiendo la misma profundidad de entendimiento que otro compañero que también había estado rezando el mismo tiempo.

—Profeta, como nunca te equivocas, ¿no dijiste que Dios nunca da a sus súbditos una tarea que no puedan llevar a cabo?

Mahoma le dijo:

—A fin de revelar la pureza del corazón, la oración debe realizarse con la mayor sinceridad para complacer a Dios y solo a Dios. La oración no debe ofrecerse desde la tentación ni para competir con el prójimo, con la esperanza de alardear de la sabiduría recién adquirida, como intentas hacer ahora imitando a otro.

148

¡Estoy extasiado de que Dios me haya dado un amigo como tú! Te doy mi corazón tanto si estoy en este mundo como en el siguiente, tanto si estoy en las fosas de la tierra como en las alturas del cielo. Puesto que puedes verme y conocerme, ¿por qué te obstinas en el dolor? Cuando tienes la alegría al alcance de la mano, ¿por qué te centras en la pena? Si estás conmigo, ¿cómo puedes estar contigo mismo? Y si eres mi amigo, ¿por qué eres amigo de ti mismo?

149

Hoy oí al *shaykh* Hamid predicar sobre la fe y el ateísmo. Lo observé de cerca y vi que ni en cien años sabrá nada sobre religión o ateísmo. Si tuviera algo de sabiduría, contendría su lengua ante otro *shaykh* y trataría de aprender algo nuevo. Ya sabe muy bien lo que ha aprendido y sabe que no puede perder ese conocimiento, así que ¿por qué no averiguar si las palabras de otra persona pueden ofrecer algo nuevo, una sabiduría más completa? Me recuerda al pobre derviche que solo tenía una rebanada de pan y la escondió en su manga, diciéndose a sí mismo que, si encontraba algo mejor ese día, dejaría caer el pan al suelo y así el pan también se libraría de él. Ahora bien, mientras permaneciera en posesión de la rebanada, la escondería bien de los ojos de los extraños.

150

Cuando una persona santa desea la muerte de alguien, no lo hace por mala voluntad; ¡más bien le desea la muerte a las tentaciones mundanas y a su ego rebelde!

151

¡El Corán envuelve sus mensajes en una miríada de velos! ¡«Vivir de tu esforzado trabajo y del sudor de tu frente» significa subsistir del alimento espiritual!

152

De nada te servirá aspirar a ascender a las esferas celestiales ni intentar ir más allá de ellas. Primero debes abrir tu corazón. ¿Por qué crees que todos los profetas y santos trabajaron tan duro durante sus vidas? ¡Iban en busca de un corazón abierto!

153

Un sufí lloraba por la pérdida del Profeta y su familia, ¡y yo lloraba por él! ¿Por qué debería alguien llorar por la familia del Profeta? ¿Por qué llorar por aquellos que se han unido a Dios? Si fuerais conscientes de vuestro propio estado de ser, derramaríais muchas más lágrimas por vosotros mismos. ¡Quizá llamaríais a toda vuestra familia, incluso a los parientes lejanos, y juntos lloraríais a lágrima viva por vosotros mismos!

154

Un sufí había trabajado duro toda su vida prestando servicio a los *shaykhs* y a los no sufíes con la esperanza de alcanzar la iluminación. ¡Pero su momento aún no había llegado!

Para cada tarea hay un momento prometido.
No importa lo duro que trabajes,
no cosecharás ningún beneficio
hasta que hayas alcanzado ese momento de clausura.

155

¡Las ciencias aprendidas no son más que velos que nos envuelven!

156

Dios no cambia, ¡tú sí! A veces te gusta comer pan y lo agarras; otras veces vuelves la cara con disgusto. A veces te muestras cariñoso con un amigo y él se vuelve muy querido para ti, pero una hora más tarde te muestras frío y descubres que ya no te atrae. Si te mantuvieras firme en tu actitud, tú también serías amado y apreciado constantemente.

157

Cuando dos personas luchan y pelean, el que es derrotado es el verdadero vencedor, puesto que Dios ha decretado: «Yo estoy con los quebrantados de corazón».

158

Maldecir es fácil para algunos, pero la peor maldición es «Que todos tus asuntos se retrasen hasta mañana». ¡El día de hoy les ha sido negado completamente! Pobre hoy, ¿qué culpa tiene de que no se cuente con él para nada?

159

¡Pensar durante una hora es infinitamente más valioso que rezar durante sesenta años!

160

¡La oración no es válida a menos que se realice con un corazón totalmente abierto y presente!

161

Hay tres tipos diferentes de conciencia. La primera es exclusivamente el hogar del demonio; la segunda es el hogar de los ángeles y del demonio, de tal manera que, cuando uno entra, el otro se ve obligado a salir. ¡La tercera, sin embargo, solo es el hogar de los ángeles y el diablo nunca puede entrar allí!

162

Para poner los ojos en el rostro de mi amigo, tengo que pasar entre cien enemigos, pero no me importa y así lo haré.

163

¡El secreto de ser caritativo es estar tan envuelto en sinceridad que no tengas ni idea del placer que da regalar cosas!

164

¡Cuando alguien me guste, seré duro con él y si lo acepta, seré suyo al instante!

165

¡Uno siempre debe tratar de lograr más, de rezar con más frecuencia, de buscar mayor conocimiento, de convertirse en un mejor sufí, en un místico perfecto! Pídele más de todas las cosas, porque lo que existe en el mundo también existe en el hombre.

166

Tengo una gema en el corazón y si alguna vez se la muestro a alguien, ¡abandonará a todos sus amigos y compañeros para conseguirla!

167

Aléjate gradualmente de las masas. Dios no habla con las masas ni pertenece a ellas. No sé qué se puede ganar manteniéndose en su compañía. ¿De qué pueden salvarme o a qué pueden acercarme? ¿No posees el mismo potencial que los mensajeros de Dios? ¿No eres su seguidor? Aunque ellos estaban rodeados por las masas, apenas se mezclaban con ellas, pues solo pertenecían a Dios. Sus palabras deben ser interpretadas y no tomadas al pie de la letra porque, a menudo, cuando dicen «vete», lo que realmente quieren decir es «¡no te vayas!».

168

El diablo no puede ser concebido por la mente; ¡corre por las venas del hombre como la sangre!

169

Las penurias que los hombres soportan tratando de contener al diablo no lo perjudicarán, sino que solo lo fortalecerán, porque fue concebido por los fuegos del deseo y ninguna luz puede jamás apaciguarlo. ¡Nada puede consumir al mal como las llamas de nuestro amor!

170

Si me revelo por completo, mi tarea y las dificultades subsiguientes serán mayores, porque todos, desde los amigos hasta los enemigos, se reunirán a mi alrededor y eso me impedirá vivir como necesito.

171

¡Para construir, primero debes destruir! Puedes tener grandes conocimientos, pero no saber lo que es mejor para ti. Sin duda, tienes las herramientas, ¡pero no sabes dónde usarlas! Para crear, primero uno tiene que tolerar el fuego.

172

¡Nunca revelé a mi padre la naturaleza de mis oraciones ni mucho menos mi estado interno! Era un hombre amable y generoso, pero no un amante. Una cosa es un buen hombre y otra un amante. Solo un amante puede conocer la verdadera naturaleza de otro amante.

173

Si no fuera por Mowlânâ, nunca habría regresado a Konya. Si hubiera recibido la noticia de que mi padre se había levantado de la tumba y me hubiera enviado un mensaje para que fuera a verlo y volviera a Damasco con él, ¡nunca me habría planteado ir!

174

El diablo puede aparecer en la sangre de un hombre común, pero nunca en la de un derviche, porque él no es el que habla. Sus palabras vienen de otra esfera; él está disuelto en el espíritu y ya no es.

175

Al principio no me relacionaba con eruditos religiosos, solo con derviches, porque pensaba que los primeros no eran conscientes de la espiritualidad. Una vez que me familiaricé íntimamente con lo que es la verdadera espiritualidad y con el estado en que vivían esos derviches, empecé a preferir la compañía de los eruditos, porque en verdad ellos han experimentado el sufrimiento. Esos derviches mienten cuando afirman ser verdaderos ascetas. Dime, ¿dónde está su ascetismo?

176

Fue culpa de mis padres por criarme con tanto cariño. Si un gato derramaba y rompía un cuenco intentando robar la carne, mi padre, sentado a mi lado con su bastón, nunca golpeaba al animal y decía en broma: «¡Mira cómo lo ha vuelto a hacer! ¡Esto nos trae buena suerte! Nos hemos librado del mal. Si no, nos habría pasado algo malo a ti, a tu madre o a mí».

177

—¿Qué te está pasando? —preguntaba mi padre.

—No me pasa nada. ¿Estoy loco? ¿Le he arrancado la ropa a alguien? ¿Me he peleado contigo?

—Entonces, ¿qué es este estado en el que te encuentro? Sé que no estás loco, pero no entiendo lo que estás haciendo.

—Déjame decirte una cosa. La forma en que te comportas conmigo es como los huevos de pato que se han dejado a empollar debajo de una gallina. Los huevos eclosionan y los patitos se acercan instintivamente al arroyo. Se deslizan hasta el agua y se alejan nadando, mientras su madre, una gallina doméstica, se limita a caminar junto a ellos por la orilla, sin posibilidad de meterse nunca en el agua. Padre, ahora veo que el mar se ha convertido en mi portador, en mi hogar. Este es el verdadero estado de mi ser. Si tú eres de mí y yo de ti, entonces ven al mar; si no, puedes esperar tu momento con las gallinas en su gallinero.

178

Permanecer solo y negarse a sí mismo la compañía de los demás, aislarse completamente de la sociedad, no es más que otra forma de mostrar orgullo, señalándose a uno mismo como un ejemplo que los demás deben reconocer, lo cual es inaceptable. Negar el deseo por las mujeres tampoco es realista; hay que favorecer la unión con las mujeres, pero uno debería permanecer soltero en espíritu. Dicho de manera simple, estar con la gente, pero no ser de la gente, es adherirse al decreto del Profeta.

179

Él dice que no quiere dañar ni a un mosquito, ¡pero desafía a Dios y a Sus súbditos sin pestañear!

180

—¿Era él un místico?
—Su padre era un místico y un hombre culto.

—No he preguntado por su padre; quiero saber de él.

—Su padre era muy culto.

—¿No oyes lo que te estoy preguntando?

—¡Puedo oírte, pero tú no me oyes a mí! No estoy sordo; ¡oigo lo que me preguntas!

181

Cuando era joven, me preguntaban por qué estaba tan abatido. ¿Acaso deseaba vestirme mejor o tener más dinero? ¡Repliqué que deseaba que se llevaran la poca ropa que tenía y que me devolvieran lo que realmente me pertenece!

182

Cada persona solo comete la transgresión de la que es digna: para uno es ser un granuja y cometer libertinaje, ¡mientras que para otro es estar ausente ante Dios!

183

No soy un incompetente; ¡soy un solucionador de problemas! ¡Encuentro soluciones a los problemas del mundo, no a los míos!

184

En Bagdad vivía un *shaykh* que estaba haciendo su retiro de cuarenta días. En la víspera del *Eid*, oyó una voz ajena a este mundo que le decía que había sido dotado con el aliento de Jesús y que debía salir, estar entre las masas y ofrecerles aquello con lo que había sido agraciado. El *shaykh* se sumió en profundos pensamientos, preguntándose cuál podría ser el propósito de esta revelación. ¿Tal vez era una prueba? Llegó una segunda llamada con más vehemencia, diciéndole que abandonara sus dudas y saliera entre la multitud, ya que se le había otorgado el aliento de Jesús. Esperó un poco más, pensando que una reflexión más profunda podría ayudarlo a comprender el propósito de esta exigencia. La llamada vino por tercera vez, aún más fuerte y sonora que antes: «Te he otorgado el aliento de Jesús; ¡sal inmediatamente!».

El *shaykh* salió de su retiro a regañadientes y comenzó a caminar entre la multitud de Bagdad. Se fijó en un vendedor de *halva* (dulces) a los que había dado forma de pájaro y pensó que podría experimentar allí. Para sorpresa de la muchedumbre —que se preguntaba qué podría querer un *shaykh* en el puesto de dulces, ya que se suponía que estaba por encima de tales tentaciones—, hizo señas al fabricante de *halva*. El *shaykh* cogió de la bandeja un *halva* con forma de pájaro, se lo puso en la palma de su mano y exhaló su aliento sobre él. Al instante, al pájaro le crecieron carne, piel, huesos y plumas y echó a volar.

Asombrada, la multitud se reunió a su alrededor y el *shaykh* insufló vida a varios pájaros más. Finalmente, se cansó de la multitud que iba en aumento, de sus constantes postraciones y del asombro que causaban sus prodigios y comenzó a alejarse hacia el desierto. La muchedumbre no lo dejaba en paz y lo seguía de cerca. Por más que les pedía que lo dejaran en paz, diciéndoles que tenía un asunto privado que atender, no le hacían caso. Siguió caminando por el desierto durante mucho tiempo, preguntando a Dios por qué le había infligido tal encarcelamiento: ¿qué lección estaba tratando de enseñarle? Finalmente, tuvo una revelación que le dijo que hiciera algo para ofender a los hombres que lo seguían, animándolos así a irse. De modo que el *shaykh* soltó una flatulencia. Todos se miraron unos a otros, moviendo la cabeza con disgusto, y regresaron rápidamente a la ciudad, excepto un hombre que se quedó atrás y no quiso marcharse. El *shaykh* sintió curiosidad por saber por qué no se había unido a los demás y los seguía, pero al principio estaba demasiado avergonzado para preguntar. De hecho, estaba asombrado por su devoción y, finalmente, superó sus nervios y le preguntó. El hombre confesó:

—No te seguí por tu primer soplo de viento, así que ¿por qué iba a dejarte por el segundo? Para mí, el segundo viento fue incluso mejor que el primero porque alivió a tu precioso ser de la incomodidad, ¡mientras que el primero solo te trajo penurias y sufrimiento!

185

Yo poseo riendas que nadie se atreve a tocar, excepto el Profeta, ¡pero incluso él se lo piensa dos veces antes de cogerlas y nunca lo intentaría cuando estoy en pleno éxtasis!

186

Uno debe admitir sus errores de una vez por todas y no agonizar y obsesionarse constantemente con ellos. Nuestro regulador interno debe exteriorizar nuestro pecado y apartarlo de nuestra conciencia para que no nos consuma y seamos incapaces de ocuparnos de nuestro verdadero trabajo. Un gato puede intentar robar un trozo de carne de mi mesa, pero si me concentro en perseguirlo, ¡me perderé comer la carne!

187

¡El propósito de conversar con la gente es llamarla a la acción! Hay un velo ante sus ojos y otro ante su corazón y yo levantaré estos velos de una vez por todas.

188

Cuando Hallaj iba a ser ahorcado, los líderes religiosos de Bagdad ordenaron a todos los ciudadanos de la ciudad, incluidos todos sus amigos, que le arrojaran una piedra. Mientras la mayoría de la gente lanzaba piedras y rocas, sus amigos arrojaban flores. Cuando empezó a gemir y a suspirar ante las flores que le lanzaban, sus perseguidores, sorprendidos de que no hubiera emitido ni un solo sonido hasta entonces, le preguntaron por qué gemía ahora:

—¿No sabes que la falta de amabilidad de un amigo es mucho más dolorosa que la de un enemigo?

189

Cada vez que experimentes alegría y éxtasis, debes saber que anuncian inevitablemente la llegada de la tristeza y el dolor. La alegría promete que hay una pena pendiente; toda apertura del corazón anuncia su posterior cierre. Qué maravilloso es encontrar placer en la naturaleza, es como estar encantado por flores etéreas: durante un rato te roban el corazón, pero al cabo de una hora no puedes soportar su hedor. La tristeza y la frustración te abruman hasta que deseas huir incluso de tu propia piel. Te aferras a cualquier cosa para mantener la cordura, y así te sumerges en la literatura y el arte, e incluso te pones a jugar con los niños. Sin embargo, este ciclo de alegría y tristeza pronto se repite; las flores vuelven a mostrar sus espinas, dejándote abandonado a tu miedo y soledad. Aparta de tu vida estos colores cambiantes para poder contemplar otra vida, una vida espiritual que no depende de la alegría ni del dolor.

190

Esta casa llamada mundo es un reflejo del cuerpo humano, y el cuerpo es un reflejo de ese otro mundo.

191

Es posible que, en algún momento, hayas tenido un pensamiento y luego te hayas sentido molesto debido a él. Ese pensamiento da lugar a otro pensamiento y luego a otro más, y así sucesivamente. Repítete tres veces: «¡Vete, pensamiento!», y si no te hace caso, ¡entonces tienes que irte tú! Sea lo que sea lo que te haya causado ansiedad, deja de hacerlo, no lo comas ni lo bebas ¡y ni siquiera lo toques o te acerques a ello!

192

Un hombre vino corriendo hacia mí con noticias terribles, hablándome de la inminente llegada de los asesinos tártaros. Le pregunté:

—¿No te da vergüenza? Tú, que hasta ahora te habías jactado de ser un «pato»* astuto, ¿cómo puedes temer una tormenta? ¡Qué extraño encontrar a un pato buscando una nave que lo rescate!

---

* Tipo, sujeto. (N. del T.)

193

Dos amigos que llevaban mucho tiempo juntos fueron a servir a un *shaykh*. La primera pregunta que les hizo fue:

—¿Cuánto tiempo lleváis juntos como confidentes?

—Muchos años —respondieron.

—¿Habéis tenido alguna vez un desacuerdo? —les preguntó.

—¡No, nunca! Solo hemos estado de acuerdo el uno con el otro.

—¡Debéis saber que habéis vivido en discordia todo este tiempo! Seguramente, habréis notado algún acto censurable del otro que os haya molestado.

—Sí, es cierto.

—Y nunca le dijisteis al otro que ese acto os había dolido por miedo, ¿verdad?

—¡Sí, tienes razón! —admitieron avergonzados.

194

¡Hay un derviche que se considera humilde y pobre cuando se trata de comida y hay otro derviche que es humilde y pobre con relación a Dios! ¡Ser un derviche no tiene nada que ver con llevar una prenda raída a la espalda!

195

Un hombre se lamentaba de que le habían saqueado su sustento. Le conté una historia:

—Había una vez un tendero que tenía un sirviente indio. El tendero tenía la mala costumbre de recortar un poco de cada lote de aceite o miel que vendía. Al criado no le gustaba lo que veía, pero se lo guardaba para sí hasta que un día se rompió un gran recipiente de jarabe y todo el contenido se echó a perder. El sirviente suspiró para sus adentros y pensó: «Si te llevas una cucharada cada vez, acabarás perdiendo todo el recipiente de una sola vez». No hagas el mal, pues recaerá sobre ti. No caves un hoyo, pues ¡serás el primero en caer en él!

196

—Vamos a rezar la oración por los muertos, fulano de tal ha fallecido —le dijo un sufí a otro.

El otro sufí no tenía ganas de ir y dijo:

—Que Dios acoja su alma en paz.

La oración por los muertos no es más que esto: «Que Dios lo haga descansar en paz». Cuando alguien no está familiarizado con la esencia, ¡pierde el tiempo en trivialidades!

197

Muchos grandes hombres perdieron su afecto por mí porque pensaban que yo buscaba su dinero. Yo no buscaba eso, ¡buscaba que esos idiotas se desprendieran de su dinero! Eran grandes *shaykhs* y dignatarios, ¿y qué podría yo querer de *shaykhs* y supuestos grandes hombres? ¡Te quiero tal como eres! ¡Quiero *necesidad*, quiero *hambre* y quiero *sed*! El agua clara busca al sediento porque es generosa y bondadosa.

198

Había un hombre que decía ser mi amigo; como un verdadero *morīd*, afirmaba que éramos dos cuerpos en una sola alma. Un día lo puse a prueba:

—Tienes una gran cantidad de ahorros; ve y encuéntrame una bella esposa, y si su familia te pide trescientos dírhams para su dote, ¡ofréceles cuatrocientos! Conmocionado, huyó y nunca se lo volvió a ver.

199

Vayamos al prostíbulo a visitar a esas pobres almas; ¿no las ha creado Dios también? No importa si son pecaminosas, vayamos a verlas de todos modos; y vayamos también a la iglesia y veamos a la gente de allí. No hay muchos que puedan tolerar mi trabajo; ¡lo que hago no es para hipócritas!

200

Un hombre se quejaba del comportamiento de su hijo; no pude evitar decirle que no se preocupara demasiado, que el niño tendrá un buen futuro, que ahora solo es un niño y hace cosas de niño, pero que eso no refleja su esencia. Recuerda que la uva y el albaricoque verdes son amargos; el niño es como la uva verde porque todavía es joven, no porque sea malo por dentro.

Sin embargo, hay personas que son agrias y duras como una roca en su interior y nunca madurarán y se harán dulces. ¡La uva agria debe exponerse al sol!

201

Decir «*Allâh o Akbar*», «Dios es Grande», en oración es sacrificar el ego. Mientras sigas albergando orgullo e imaginándote que existes, tienes que repetir indefinidamente «Dios es grande».

202

El jeque Mahmood, más conocido como Ibn Arabi, rezaba constantemente y se declaraba seguidor del islam. Aprendí mucho de él, pero nada como lo que he aprendido de ti, Mowlânâ. ¡Es como comparar guijarros con perlas!

203

¡Un hombre se esfuerza excesivamente por presumir y el otro conspira cien veces para ocultarse!

204

¡Un derviche no posee nada y nada posee a un derviche!

205

En la infancia es cuando uno necesita alimentar la actitud adecuada para poder lograr resultados mucho más rápido posteriormente. Es mucho más fácil tratar una rama cuando aún es joven que cuando se queda seca e inflexible.

206

¡Si no lo pongo a prueba, él nunca sabrá quién es! ¿No viste cómo reaccionaron esas personas que decían ser completamente devotas y ofrecían muchos sacrificios cuando empecé a poner a prueba el alcance de su fe? ¿Te diste cuenta de cómo los expuse para que pudieras ver el aspecto que tienen sin las máscaras? Los que fingen sacrificar su vida por ti, en cuanto les pides un céntimo, pierden la cabeza; sus mejores intenciones se evaporan y no saben qué hacer consigo mismos. Los puse a prueba para que pudieran enfrentarse un poco a su verdadero yo.

207

La mente es débil; no se puede esperar mucho de ella. Puede guiarte hasta la puerta, pero nunca dentro de la casa.

208

Cada persona experimenta un estado interno diferente: el predicador en el púlpito está en un estado, el profesor del Corán en su taburete está en otro estado y sus audiencias están en otro estado. El *shaykh* es consciente de su propio estado mental y el *morīd* de los suyos, mientras que tanto el amante como el amado experimentan diferentes estados de ser. Yo, sin embargo, aclamo al ciego que, en su estado de total abatimiento, ¡no es consciente de su ceguera!

209

Tengo el poder de impedir que mi pena afecte a nadie, pues nadie podría tolerarla y lo mataría. No pueden tolerar mi alegría, así que ¿cómo podrían soñar con tolerar mi dolor?

210

Un hombre se quejó una vez de la gente que encontró en este mundo y se le dijo: «La vida es todo diversión y juegos para los poderosos y ricos; para los niños, sin embargo, su juego no es un juego: es un asunto serio, un deber y una responsabilidad; es lo que hacen. Si no soportas bromear y jugar, no lo hagas. Pero si decides complacerte así, ¡juega y diviértete! Pues la dulzura de los juegos guarda relación con la risa, no con las lágrimas».

211

La mente que pertenece a este mundo habla a través de la boca, mientras que la mente del mundo espiritual habla desde el corazón.

212

¿Qué es la reflexión? ¿Es mirar al pasado, mirar a los que nos precedieron para ver si estaban agradecidos por lo que se les había dado y si se beneficiaron de ello o no? ¿O es mirar al futuro e imaginar cómo puede afectar a alguien un consejo? Solo quien no está atado por los afectos del mundo puede mirar a propósito al pasado y al futuro, porque, si hubiera quedado afectado por ellos, ya estaría cegado.

213

Cuando alguien habla mal de tu amigo y lo acusa de celos, ya sea tu propia voz interna o la voz de otra persona, debes saber con certeza que la misma voz acusadora es la celosa. De hecho, ¡por dentro está hirviendo de envidia!

214

Pregunta: «El imam que dirigía la oración no podía controlar sus ojos, que se desviaban constantemente a derecha e izquierda. ¿Queda su oración anulada?

Respuesta: Las oraciones de los dos están anuladas.

Estoy preguntando por la oración del imam; ¿quién es la segunda persona?

La primera es el imam, cuya mirada salta de un lado a otro molestando a los presentes, y la segunda es el seguidor, que se ha convertido en el cuidador del imam, ¡y está cuidando de él en vez de concentrarse en su propia oración!

215

A los que se ponen a la defensiva ante los mensajeros de Dios, creyendo que están siendo tratados injustamente, en realidad se los trata con demasiada benevolencia. Los mensajeros distancian sus corazones de los hombres porque sienten el dolor de todos los hombres y esto es una pesada carga para ellos. Cuando se desentienden de la gente es como si se hubieran quitado de encima el peso de una montaña. No saben cómo convertirse en enemigos de nadie y poner el peso de la montaña sobre sus hombros —en otras palabras, obligarlos a aumentar su amor y afecto por los hombres— es, de hecho, enemistad. Sin embargo, elevar los pensamientos y el amor de los hombres es hacerles un inmenso favor.

216

Me sorprende el *hadiz* que afirma que el mundo es la prisión de los piadosos, y la tumba, su refugio y paraíso, su lugar de descanso eterno, mientras que, para el infiel, el mundo es su paraíso, la tumba es su cámara de tortura y el infierno es su trono. Yo, personalmente, ¡en esta vida no he visto más que alegría, grandeza y abundancia!

217

Cuando hablo a una multitud, debes reconocer lo que te estoy diciendo a ti personalmente y no inventar palabras que no he dicho. Cuando me escuchas, eso demuestra la fuerza de tu creencia en mí. ¿Por qué tu amigo no debería reiterar sus pensamientos hasta que los entiendas bien? Y si no entiendes a la segunda vez, ¿por qué no vuelves a preguntar? Si tienes miedo, es que el demonio ha entrado en tus pensamientos y te ha engañado para que abandones a tu amigo, atrayéndote hacia el desierto solitario con su canción familiar. Aunque él nunca podrá separarte de mí, debes ser diligente en todo momento.

218

¿Qué es un secreto? El secreto depende del oyente, ¡que debe reconocerlo en medio de todos los discursos superficiales que se producen!

219

Dios ha decretado que cada uno de nosotros tenga conocimiento de ciertos aspectos específicos de la vida y no de otros; por ejemplo, es posible que una persona solo pueda comprender los beneficios de ser orfebre, mientras que otra solo sabe de alquimia; un grupo sabe de jurisprudencia religiosa y otro sabrá de magia y superchería. Entre tanto, un grupo recibe la luz de Dios y el consuelo de la otra vida, mientras que otro sabrá del amor, la belleza y el sexo, y el tercer grupo conocerá íntimamente a los ángeles y a los seres celestiales. Cada persona ve el mundo desde su propia perspectiva y tiene una visión de la vida diferente de la de todos los demás.

220

¡Los retiros son una novedad en la religión de Mahoma! Él nunca hizo un retiro de cuarenta días, muy popular entre los grupos sufíes. ¡Esta costumbre pertenece a Moisés!

221

¡Qué hermosa vida! No ser siervo de nadie ni amo de nadie. Sinceramente, ¡qué hermosa vida lleva el sufí!

222

Debemos estar agradecidos a los piadosos porque no son infieles y ¡debemos estar agradecidos a los infieles porque no son hipócritas!

223

Hay dos tipos de hipocresía: una es obvia para todos y ojalá se mantenga lejos y apartada de nuestros seres queridos y de nosotros mismos. Y después está la otra, que permanece oculta: uno debe dar un salto de fe para cortarla de raíz, pues reside en nuestra propia naturaleza.

224

Quítate el algodón de los oídos para que nunca seas prisionero de las palabras ni víctima de los amaneramientos de la vida. Abre los ojos y los oídos; toma conciencia del regateo que se despliega en tu propia alma.

225

¿Cómo puede uno llegar a confiar en los belicosos? ¡Haciendo que repudien sus guerras y feudos, por supuesto! La guerra nace de la tentación y de la codicia; verás esto en el fondo de todos los conflictos.

226

Tu mentor es el amor,
y él te enseñará lo que hay que hacer
en el lenguaje del amor.

227

—Dejadme que os hable de un truco de magia, no de brujería, con el que podréis capturar a hombres libres y ponerlos a vuestro servicio sin que os cueste ni un dírham o un dinar —proclamó el Profeta.

—¡Dinos, dinos! —clamaron los hombres.

—¡Sed amables en vuestros actos, sed amables con vuestras palabras!

228

El propósito de contar una historia no es disipar el aburrimiento de la persona, sino, principalmente, disipar su ignorancia.

229

El acto de sumisión y devoción del Profeta consistía en sumergirse profundamente en su propia conciencia, un acto del corazón y un servicio prestado al corazón; implicaba su entrega total, su disolución en el Amado. Sabía, sin embargo, que este enfoque no sería adecuado para todos, que muy pocos experimentarían estar tan inmersos en el amor de Dios, por lo que decretó ciertas prácticas: la oración cinco veces al día, el ayuno durante treinta días y la peregrinación a La Meca. Esto se hizo con la esperanza de que, al adherirse a estas prácticas, las masas no se sintieran abandonadas y, de hecho, sintieran que se habían elevado con respecto a sus amigos y pudieran esperar ser libres algún día y, tal vez, incluso saborear lo que significa perderse en el amor. Por otra parte, ¿qué necesidad tiene Dios de nuestra hambre o de que persistamos en vigorosos rituales religiosos?

230

La mayoría de los *shaykhs* de hoy son los ladrones de nuestra fe. Son como ratones que roen los cimientos de nuestra casa. También están aquellos —súbditos queridos— que desempeñan el papel de gatos y son responsables de expulsar a los ratones. Aunque se reunieran cien mil ratones, por temor serían incapaces de mirar a la gata a los ojos. La gata está segura de sí misma y controla su ego al tiempo que produce temor en los ratones. Si los ratones se atrevieran a trabajar juntos, podrían vencer a la gata, tal vez perdiendo a algunos por el camino: mientras la gata está ocupada atrapando a un ratón, otro podría saltar sobre ella y un tercero abalanzarse sobre su ojo y perforarlo. Es el miedo, sin embargo, lo que impide a los ratones reunir sus fuerzas y actuar al unísono.

231

La sura del Corán sobre la Kaaba que dice «Hay luz dentro de esta casa, y cuando entres en ella, estarás seguro en todo momento» sin duda se refiere a la calidad del corazón: mientras que fuera los peligros de la tentación están por todas partes, dentro hay seguridad eterna.

232

Para distinguir entre amigo y enemigo,
¡hay que vivir al menos dos veces!
Abundan los enemigos con caras amistosas,
pero ¿dónde está el amigo cuyo corazón sangra por ti?

233

Cuando la gente busca la paz, dice cosas que agradan a la otra parte, atrayéndola a la amistad y la cordialidad. Uno podría disculparse por su comportamiento anterior y sus duras palabras, culpando de ello a la malicia del diablo. Uno puede incluso dirigirse a Dios y confesar sus pecados, lamentando cada palabra o acto que haya podido herir a un semejante. Así, cada palabra y cada acción deben reflejar el deseo de hacer las paces con el amigo.

234

«Vivir dos veces» hace referencia a la persona que no ha sucumbido a su ego, sino que ha encontrado una vida nueva y fresca en la que puede mirar con la luz de Dios en los ojos y saber al instante quién es un amigo y quién no lo es. Expresará su enfado en el momento oportuno y, asimismo, su bondad será bien merecida, y ambas cosas serán verdad.

235

Mi corazón se fijó en ti desde el principio mismo, pero en nuestra conversación me di cuenta de que aún no estabas preparado para escuchar mis secretos. No estabas en el estado mental adecuado, ¡pero ya ha llegado la hora!

236

Un día, un rey cabalgaba con sus hombres por el campo. Al acercarse a una aldea, las tropas se adelantaron para despejar el camino de peatones. De repente, sin que los demás se dieran cuenta, un hombre pobre saltó delante del rey y empezó a maldecirlo. El rey no se lo dijo a sus criados, porque si se enteraban lo harían pedazos. A continuación, cambió el rumbo de su ruta, sorprendiendo a sus hombres, que le preguntaron la razón. Él les dijo que, simplemente, había cambiado de opinión.

¿Por qué iba a enfadarse el rey con un mendigo sin hogar? ¿Tenían ambos la misma esencia? Un rey solo entra en guerra con aquellos que son dignos de luchar.

237

¡No hay nadie vivo que no albergue cierto grado de egoísmo y egocentrismo!

238

A todo el mundo le encanta oír la palabra «¡Bravo!». Se mueren de ganas de que se les diga: «¡Bien hecho!».

239

Cuando sientes la plena presencia de un amigo que está lejos, ¿qué sentirás cuando esté sentado frente a ti?

240

Si eres amigo de Mowlânâ, no le compres a su hijo Alâedin un juego de ajedrez, ya que este es el momento de su educación y necesita dormir por la noche. Debe estudiar cada día, aunque solo sea una línea. Si me oye decir esto, se enfadará conmigo porque cree que lo obligo a trabajar innecesariamente. Por eso también está en guerra con Dios, pues cree que también Él promueve trabajos inútiles. En cuanto huele a trabajo, ¡se da a la fuga! ¡Qué extraño que a algunos les encante desperdiciar el poco tiempo que tienen!

241

—¡Me quemo, no soporto esta tortura! —grita el siervo, pero el amo le dice que es precisamente por eso por lo que lo mantiene ahí. El hombre implora:

—Señor mío, ten piedad, me estás prendiendo fuego; ¿qué quieres de este pobre siervo?

—¡Es este quemarse lo que quiero contemplar! —se le dice.

Esto es similar a la historia en la que el amante rompe un bote de tinta. Su amada le pregunta por qué, y él responde:

—¡Para oírte preguntarme por qué!

La sabiduría de la historia reside en el acto de derramar lágrimas para fomentar la expresión de la bondad y el amor. A menos que llores, a menos que sientas dolor, no se abrirá para ti el mar de las bendiciones. Hasta que el bebé no llore, su madre, a pesar de su amor incondicional, no intentará alimentarlo.

242

Durante el Ramadán, al menos cien personas me pidieron que me uniera a ellas para romper el ayuno. Despedí a la mayoría y pedí al dueño de la caravanera que les dijera a todos los que vinieran que otra gente ya me había llevado con ellos.

243

¡Mi corazón no es el tesoro de nadie, solo de Dios! ¿Por qué he de permitir que los idiotas campen a sus anchas dentro de mí? ¡Los expulsaré a todos de inmediato!

244

Mi corazón no tiene un concepto de sí mismo, toma su alimento de otro lugar. De hecho, se alimenta de sí mismo.

245

Un grupo de hombres no dejaba de invitarme y yo no dejaba de inventar excusas para evitarlos ¡porque solo eran musulmanes por fuera e infieles por dentro! Solía ir a la iglesia y encontré a muchos infieles que se hicieron amigos míos; ¡infieles por fuera, pero verdaderos musulmanes por dentro! Un día les pedí que me trajeran algo de comer. Se alegraron mucho y, con gran agradecimiento, me trajeron comida y rompieron el ayuno conmigo. ¡Habían estado ayunando en secreto!

246

Cuando me herís, herís al mismo tiempo a Mowlânâ.

247

Cada versículo del Corán contiene un mensaje; cada uno es una carta de amor.

248

¿Crees realmente que a Dios le importa que hayas ido a la casa del placer?

249

¿Qué puede decir el infiel incrédulo aparte de sus habituales blasfemias? Los fieles hablan de la fe, mientras que los incrédulos blasfeman. ¡Basura dentro, basura fuera!

250

El sastre que quiera probar su suerte como herrero se chamuscará la barba a menos que antes vaya al herrero y le pida que le enseñe correctamente; entonces mantendrá su barba a salvo, como la del herrero.

251

Puedes gastar mucho dinero en comestibles, pero si no añades un poco de sal a tu alimento, no podrás comerlo. No puedes limitarte a hablar de la sal; debes usarla de verdad.

252

¡Exponen su ignorancia cuando empiezan a hablar, haciendo declaraciones grandilocuentes que solo demuestran su falta de visión! ¿Por qué no se rinden y dejan hablar a un orador competente? Y cuando él comience, deberán permanecer en silencio hasta que haya llegado al final de su discurso. Tu lugar es el de oyente. Cuando tú mismo intentas hablar, solo consigues que tu objetivo se aleje todavía más.

253

Al principio, el pez perseguía al agua, ¡ahora es el agua la que persigue al pez por dondequiera que va!

254

La carne, el vino y el melón tienen una cualidad tal que, cuando son consumidos por un cuerpo sano, sirven para reforzar la salud, pero si son consumidos por un cuerpo enfermo, se harán amigos de la enfermedad. Por eso se recomienda evitar completamente el consumo de carne.

255

Un hombre corrió a la mezquita para rezar su oración, pero la oración grupal había acabado:

—¿Han terminado? —jadeó.

—Sí —dijo uno de los hombres.

Molesto por habérsela perdido, el hombro suspiró con remordimiento. Al oír su profundo suspiro, otro hombre le suplicó:

—Te regalaré todas las oraciones de mi vida; ¡solo dame ese suspiro!

256

Tu compañero debe ser mejor que tú para que pueda elevarte y hacerte mejor a ti también.

257

He llenado mi copa, pero no puedo beberla; ¡tampoco puedo derramarla! Mi corazón no me permite dejarte ir, como he hecho con los demás.

258

Los que malgastan sus posesiones son compañeros del diablo. No solo malgastan su dinero, sino también su vida, su bien eterno. Digamos, solo en bien de la argumentación, que no hay juicio final ni resurrección; aun así, ¿cómo puede uno esconder esta joya que es la vida bajo una roca y dejar que se desperdicie?

259

Cuando estás en medio de la adoración, ¿cómo es posible que acojas la calumnia y la murmuración? Cuando tu boca está llena de azúcar, ¿qué pinta en ella el vinagre? ¿No será que, tal vez, siempre hayas tenido la boca llena de la amargura del vinagre?

260

Entender a los mensajeros de Dios es mucho más difícil que entender a Dios. Uno puede concebir que cada objeto ha sido elaborado por una mano experta, que no ha aparecido por sí solo. Pero los mensajeros, a los que consideras parecidos a ti mismo por dentro y por fuera, tienen una historia distinta que va más allá de tu imaginación. Concebir al artesano no es tan difícil, pero ¿cómo comprender cuál es Su realidad, cuán gloriosa es Su gloria y cómo puede concebirse Su infinitud? Solo Sus mensajeros tienen estas comprensiones, ¿y tú esperas que las compartan ingenuamente contigo?

261

La sura que dice: «Aquellos que dediquen sus esfuerzos a Nuestro camino serán guiados de vuelta a Nosotros», en realidad debería leerse al revés: «Cuando veas a la gente dedicar sus esfuerzos a Nuestro camino, ¡debes saber que están siendo guiados por Nosotros!».

262

Cuando me hieren, solo me fortalezco; ¡me vuelvo incluso más grande de lo que ya soy!

263

Hasta que tu sueño sea como tu vigilia, ¡no te duermas! ¿Cómo podría ser que Dios esté despierto mientras su siervo duerme? Sé de tal manera que las horas que duermas sean exactamente iguales a las de vigilia.

264

Te quejas de que, desde que comes un determinado alimento, has estado siempre enfermo y sufriendo, incapaz de oír o incluso de hablar correctamente. ¿Te has encontrado alguna vez con algo que se supone que debe fortalecerte y que, sin embargo, es malo para ti y te causa mucho dolor? ¿Qué más queda si uno no puede disfrutar de las cosas normales de la vida? No comas algo que más tarde te haga decir: «Ojalá no lo hubiera tocado; ¡antes estaba tan bien! ¡Cuánto me arrepiento de haberlo comido!».

265

Cuando Dios esté contento contigo, los ángeles se volverán hacia ti. Cuando hayas abrazado al Jardinero, ¡todo el jardín será tuyo para que te deleites escogiendo de él!

266

No todas las bodas son iguales; ¡esto también es una boda!

Suspiro de pena cuando estoy separado de mi amor,

grito de dolor cuando oigo el adiós de mi amada;
¡cuánto más dulce será mi muerte
habiendo soportado estas dos calamidades en vida!

267

Un comerciante de vinos estaba vendiendo su producto cuando otro hombre lo miró y se preguntó: «¡Qué extraño! ¿Estás vendiendo vino? ¿Qué se podría comprar que fuera mejor?».

268

El acto de bondad de un juez es infinitamente más valioso que el testimonio legal de dos testigos.

269

No hay escasez de pensamientos. Se te ocurre un pensamiento y lo conviertes en tu máscara. Del primer pensamiento eres llevado al siguiente y al siguiente, pero ninguno de ellos tiene valor.

270

—Saca fuera el oro que escondes.
—¡Yo no soy nada!
—Entonces trae esa «nada».
—Primero, ¿por qué no muestras tu «ser»?
—¡El «ser» busca la «nada»!
—Ya estoy llorando, ¡necesito que alguien me anime!
¡Emborráchate tanto que puedas experimentar la conciencia total!

271

Las personas son hipócritas; ¡cuanto más eruditas son, más se limitan a copiarse unas a otras! Algunas intentan imitar el estado del corazón de otras, mientras que otras intentan copiar la alegría de los demás. Entre tanto, algunos intentan imitar al Profeta y otros tratan de imitar a Dios repitiendo Sus palabras. Y también hay otro grupo que no copia a Dios ni repite Sus palabras; ¡solo hablan de sí mismos!

272

¡Mi única intención al decir «templo de ídolos» y «Kaaba» es pronunciar tu nombre! Susurro las palabras «templo de ídolos» solo para acordarme de ti y de la majestad de tu rostro. Digo la palabra «ídolo» por su significado, pero sin un ser amado no puede haber ídolo.

273

¡Las esferas celestiales y todos sus habitantes se pondrán en pie para bailar cuando un hombre perfecto empiece a girar!

274

El hombre ha sido creado con un propósito: encontrar su origen, de dónde viene. Sus sentidos externos e internos le han sido dados como herramientas para encontrar esta sabiduría. Cuando los use para otros fines, se sentirá inseguro y no podrá disfrutar de la vida. Aunque dedique la mayor parte de su tiempo a estudiar, lo que en sí mismo es una causa noble, seguirá sin encontrar su propósito original en la vida.

275

Algunas personas son escribas de los mensajes divinos y otras los reciben. Da un salto para ser a la vez receptor y escriba de los mensajes destinados a ti.

276

Si me consideras rancio, ¡es porque tú estás rancio! Contémplame solo como algo fresco y nuevo, pues nunca envejezco. Trata de no ceder ante el avance de la edad y si te sientes viejo, busca la razón. Piensa con quién has estado socializando. Cúlpate a ti mismo y revitaliza tu anhelo. Yo soy siempre nuevo y no necesito tu aprobación, pues estoy bendecido a perpetuidad.

277

No obedezco ni me inclino ante el Corán porque sean las palabras de Dios, sino porque las pronunció el profeta Mahoma.

278

El amor y la convicción nos hacen valientes y empujan todos los miedos que nos acechan al horizonte lejano.

279

Un griego, un no musulmán, que entre por esta puerta y me vea, puede empezar a creer. Aprenderá mucho más de mí que de esos supuestos *shaykhs* que están tan llenos de sí mismos y han malgastado su mayor activo, que es su necesidad del Espíritu; se han convertido en vagabundos en la tierra.

280

¡Cuando me pongo a hablar, el significado viene a por mí, persiguiéndome!

281

Rezar, practicar el ascetismo y prestar servicios no debe ser solo para ganar gloria, sino para dar sinceramente por devoción, sin esperar nada a cambio.

282

Cuando recorres el camino espiritual y te esfuerzas por ser fiel a tus convicciones, ¿por qué no compartes también tu propósito con otra persona? ¿Por qué dejas que tu amigo languidezca en su sueño? ¿Eres un impostor, un hipócrita?

283

Los árboles se cultivan para la cosecha, pero si no dan fruto, quizá sea mejor cortarlos y quemarlos para que den calor.

284

Hay dos personas sentadas una frente a la otra; una no tiene rastro de enfermedad ocular, nada que dificulte su visión, y, sin embargo, no ve nada, ¡mientras que la otra lo ve todo!

285

Un paciente que busca la ayuda del médico no debe preocuparse por otra cosa que no sea su salud. Si a una persona sedienta y desesperada por encontrar agua potable se le ofrece un dulce y lo acepta, su declaración de que tenía sed ha sido ficticia. Cuando a una persona hambrienta, que dice estar famélica, se le ofrece agua potable en lugar de comida y la bebe, también está siendo engañosa.

286

Cuando te encuentras con alguien que tiene una personalidad amplia y capaz de abarcar muchas cosas, que habla con mente abierta y demuestra una gran paciencia, que reza por todos en el mundo y te anima a abrir tu corazón y eleva tu espíritu fuera de este mundo estrecho y superficial, esa persona es un ángel del paraíso. Y si te encuentras con una persona cuyo discurso te incita a cerrar tu corazón, si sientes que su visión restringida del mundo te enfría y te desengancha de la vida, exactamente lo contrario de la persona angelical, esta es mala y pertenece al infierno. Cuando hayas comprendido este concepto, cuando esté en consonancia con tu ser, ningún *shaykh* del mundo podrá robarte el amor.

287

¡Cien años de educación no son nada comparados con un momento pasado con Dios!

288

Cuando Aristóteles y sus seguidores dijeron que, si todo el mundo fuera como ellos, no habría necesidad de profetas, ¡decían tonterías!

289

¡Tengo el control total de mi ego! Si me ofrecieran una mesa repleta de platos y dulces exquisitamente preparados por los que otros darían su brazo derecho, jamás los tocaría. Ni siquiera los desearía. Para mantener mi apetito bajo control, prefiero una porción de pan de cebada a la hora de comer, que es mucho más sano que las extravagantes ofertas de arroz biryani con carne a la parrilla.

290

¿Quién podría sobrevivir en tu amor sino yo?
¿Quién planta semillas en campos de sal sino yo?
¡Cotillearé sin descanso sobre ti a amigos y enemigos para que nadie te ame sino yo!

291

Un asceta que vive en una cueva de las montañas es un montañés y ya no es un ser humano pensante, pues si lo fuera, viviría entre hombres inteligentes y dignos de la sabiduría de Dios. ¿Qué hace un hombre viviendo en una cueva? Si el hombre estuviera hecho de barro, se sentiría atraído por las rocas, pero ¿qué puede querer un hombre de carne y hueso de las rocas? No entres en *khalvat* o reclusión y soledad; sigue siendo un individuo, presente pero desapegado en medio de la multitud; y recuerda que el Profeta dice: «En el islam no hay monasticismo».

292

El mundo de Dios es infinito, una apertura sin fin del Espíritu que es extremadamente difícil de comprender para algunos y, al mismo tiempo, una experiencia demasiado fácil para otros. De hecho, para estos requiere tan poco esfuerzo que se preguntan por qué la gente elige hablar de ella.

293

Los grandes secretos se esconden en las líneas de los chistes y los grandes cuentos.

294

Solo tengo un amigo en todo el mundo; ¿cómo podría negarle su deseo? Vosotros no sois mis amigos; ¿cómo se os ocurre pensar que podríais serlo? Solo gracias a Mowlânâ podéis oír unas pocas frases; de lo contrario, nadie oiría una palabra mía. ¿Alguna vez me has oído hablar con alguien o desvelar un secreto? Cuando hablo a los hombres comunes, escuchad con atención, porque mis palabras son secretos. Quien menosprecie los consejos que imparto a los profanos, pensando que son meras divagaciones superficiales y demasiado simples para una consideración seria, no se beneficiará en lo más mínimo de mis pensamientos ni de mí. En efecto, es en mis conversaciones con la gente corriente donde revelo la mayor parte de mis secretos más preciados.

295

Puedes extender ante mí cien mil dírhams como regalo, o incluso ofrecerme un castillo lleno de oro, ¡pero, a menos que vea una luz en tu frente y detecte anhelo en tu corazón, para mí serás lo mismo que un montón de heces!

296

Le dije a Mowlânâ sin rodeos que esta gente no entiende lo que digo. Dios no me ha ordenado hablar de temas mundanos. Solo tengo que expresar la verdad absoluta, que para ellos sería demasiado difícil de comprender. Con ellos tendré que hablar de una verdad superpuesta para ocultar la original y así sucesivamente hasta que cada frase se convierta en un encubrimiento de la anterior.

297

Los objetos inanimados también experimentan unión y separación, ¡solo que no podemos oír sus suspiros!

298

El mundo del Espíritu es vasto, ilimitado de hecho, pero tú lo has restringido a un paquete diminuto porque eso es todo lo que tu mente puede percibir. ¡Así has encajonado al creador de la mente en tu propia mente insignificante!

299

Cuando alguien empieza a creer en nuestra fe, de hecho rechaza su ego y sus deseos. Decimos que de esta manera «muere», lo que significa que la oscuridad ya no prevalece y en adelante este don será constante e imperturbable.

300

Somos un tranquilo estanque de agua oculto bajo una cubierta de heno; mientras el agua circula suavemente por debajo, el heno no es consciente de ella hasta que, de repente, el viento lo empuja y al instante el agua comienza a fluir sin cesar hacia el exterior.

301

La palabra es un atributo. Cuando Él comienza a hablar, se esconde en las palabras para llegar a Su audiencia. A menos que Él se cubra con un velo de palabras, ¿cómo podría llegar el atributo a quienes viven detrás de velos? Al final, depende de Él mantener los velos o apartarlos.

302

En realidad, nadie puede acompañarme, ¡pues soy *lâobâli*! Estar separado de Mowlânâ no me molesta ni la unión con él me produce mucho placer, ¡pues mi alegría surge de mi interior, al igual que mi dolor! No es fácil vivir con alguien como yo.

303

Cuando el agua se agita y mezcla con diversos agentes impuros, ¿qué impedirá al sediento acercarse a pesar de todo? Hay una variedad de agua que no puede tolerar la impureza y por eso repele todos los viles aditivos. Y hay otra clase de agua cuya pureza nunca se diluye sin importar los elementos inmundos que se mezclen con ella.

304

Cuando te arrepientes cada día y a continuación rompes tu promesa a diario, te conviertes en una figura de burla y presa fácil para el diablo.

305

El significado de las palabras es como el agua contenida en un cántaro; sin el cántaro, uno no puede agarrar el agua.

Necesitaba comprender el significado que encierran las palabras árabes; esa era mi única intención al aprender la lengua árabe.

306

¡El «camino» está más allá de la realidad de ser un *pīr* o un *morīd*, un maestro o un seguidor!

307

¡Necesitaba a alguien de mi calibre para hacer de él una Meca y volverme hacia él, pues me había cansado de mí mismo!

308

Los corazones están sellados, las lenguas están selladas y los oídos están sellados. Si detectas una brizna de luz asomándose, muéstrate agradecido y da las gracias: tal vez la luz aumente. Reza para que se te muestre todo tal como es, y cuando seas agradecido, Dios aumentará Su benevolencia hacia ti.

309

¡Estoy enamorado de los rizos sueltos de tu pelo porque ellos están enamorados de mi loco corazón!

310

Un hombre le pidió a un farmacéutico que le diera una cura para la calvicie. El farmacéutico calvo lo miró y se burló: «Si tuviera la cura, ¿no crees que me curaría yo primero?».

311

No es frecuente que los amigos se encuentren y se den tanta paz.

Se necesitan años bajo el sol
para convertir una piedra en bruto en una gema en Badajshán
o en un ágata en Yemen.
Se necesitan meses bajo la tierra
para que una semilla de algodón se transforme en muselina
con la que envolver un cadáver o velar
el cuerpo de una bella dama.

312

Puedes ver a todos en ti mismo, incluidos Moisés, Jesús, Abraham, Noé, Adán, Eva, Kidr, Elías, el Anticristo, ¡e incluso Asiya, la mujer del faraón! Sabiendo esto, ¿qué valor pueden tener la tierra y el cielo limitados cuando tú eres el universo infinito? Recuerda lo que dijo Dios: «Ni el cielo ni la tierra pueden contenerme; aparte del corazón de mi devoto sirviente, ¡nada puede contenerme!».

GLOSARIO

Allâh o Akbar: «Dios es Grande».

Biryani: plato con arroz al azafrán acompañado de cordero o pollo.

Derviche: místico sufí.

Eblīs: el diablo.

Eid: festividad musulmana.

Fanâ: nada.

Fâni: efímero; perdido en la nada.

Hâfez: persona que conoce el Corán de memoria.

Harâm: inaceptable, prohibido.

Jabrī: fatalista.

Kaaba: casa de Dios.

Khalvat: reclusión.

Khâneghâh: casa sufí.

Lâobâli: despreocupado.

Lateif: delicado.

Madrasa: escuela islámica.

Maghâlât: discursos.

Majzoub: en trance en el amor de Dios.

Morīd: devoto, discípulo.

Morshed: guía espiritual.

Mowlânâ: profesor magistral.

Ommi: iletrado.

Pīr: guía espiritual.

Samâ: girar, dar vueltas.

Samâzan: el que gira.

Shaykh: guía espiritual.

Solûk: entrenamiento sufí.

Sura: un capítulo del Corán.

Valī: representante de Dios en la tierra.

Velâyat: reino.

Zekr: repetición en oración de los noventa y nueve nombres de Dios.

Zonnâr: cinturón que llevan los cristianos como signo de su fe.

BIBLIOGRAFÍA

Abâssi, Shahâbedin, 2010, *Dar Josstejouy-e Ganj* (En busca del tesoro), Teherán, Entesharat e Maziar.

Chittick, William C., 1984, *The Sufi Path of Love*, Albany, State University of New York Press.

_____, 2004, *Me & Rumi*, Louiseville, Fons Vitae.

Forouzanfar, Badiozamân, 1984, *Koliyat e Divan-e Shams-e Tabrizi*, 10.ª ed., Teherán, Amir Kabir.

_____, 2006, *Mowlânâ Jallaludin Mohammad*, Teherán, Entesharat e Mo-in.

Lewis, Franklin D., 2000, *Rumi: Past and Present, East and West*, Oxford, Reino Unido, Oneworld Publications.

Lewisohn, Leonard (ed.), 1999, *The Heritage of Sufism*, vol. 1, Oxford, Reino Unido, Oneworld Publications.

Modaress-Sâdeghi, Jafar (ed.), 1994, *Maghalat-e Shams* (Discursos de Shams), Teherán, Nashr e Markaz.

Movahed, Mohammad-Ali, 1997, *Shams-e Tabrizi*, Teherán, Tarh-e No'Publishers.

_____, 2007, *Ghessehâ* (Las historias), Teherán, Nashr-eTehran.

_____, 2008, *Bâgh-e Sabz* (Jardín verde), Teherán, Nashr-e Karnameh.

_____, 2009, *Khomi az Sharb-e Rabâni* (Una jarra de vino divino), Teherán, Publicaciones Sokhan.

_____, 2015, *Shams e Tabrizi*, Teherán, Farhang e Nash e No.

Movahed, Mohammad-Ali (ed.), 2012, *Maghâlât eShams e Tabrizi* (Discursos de Shams e Tabrizi), 4.ª edición, Teherán, Entesharat-e Khârazmi.

Pifer, Michael Bedrosian, 2014 (inédito), *Integrated Literary Cultures in Anatolia and the Pre-Modern World* (Culturas literarias integradas en Anatolia y el mundo premoderno), tesis presentada en cumplimiento de los requisitos para obtener el título de doctor en Literatura Comparada en la Universidad de Michigan.

Sâheb-Zamâni, Nasseredin, 1990, *Khat-e Sevom* (Tercer guion), 10.ª ed., Teherán, Moassesseh-ye Matbouâ'ti-ye Atâi.

Schimmel, Annemarie, 1992, *I Am Wind, You Are Fire* (Yo soy viento, tú eres fuego), Boston, Shambala.

Turkmen, Erkan, 2013, *Teachings of Shams-I Tabrizi*, (Enseñanzas de Shams-I Tabrizi), 3ª ed., Konya, Nuve Centre of Culture Publications.

Yagmur, Sinan (trad. Mahmood Sarafi), 2011, *Askin Gozyaslari* (Lágrimas de amor/Ashkha-ye Eshgh), Teherán, Nashr-e Ohadi.

Zamâni, Karim, 1998, *Masnavi-e Ma'navi*, 5ª ed., Teherán, Enteshârât-e Etelâ'ât.

ÍNDICE DE DICHOS DE *KHOMI AZ SHARAB E RABANI*

El pequeño libro de secretos místicos presenta una selección de los dichos más importantes de Shams Tabrizi extraídos de *Khomi az Sharab e Rabani*, la versión abreviada del *Maghâlât*. Este índice proporciona al lector la cita que viene en dicho original, *Khomi az Sharab e Rabani* (Mohammad-Ali Movahed, ed., 2009). La columna de la izquierda indica el dicho tal como aparece aquí; la columna de la derecha proporciona el dicho correspondiente del *Khomi*.

83	222, p. 186	113	32, p. 46
84	223, p. 187	114	33, p. 47
85	233, p. 193	115	35, p. 48
86	234, p. 193	116	35, pp. 48-49
87	237, p. 195	117	39, p. 51
88	245, p. 200	118	41, pp. 53–54
89	248, p. 201	119	43, p. 55
90	250, p. 202	120	46, p. 56
91	256, p. 205	121	50, p. 58
92	265, p. 212	122	50, p. 59
93	277, p. 219	123	50, p. 59
94	277, p. 219	124	51, pp. 59-60
95	281, p. 221	125	51, p. 60
96	283, p. 222	126	51, p. 60
97	284, p. 222	127	52, pp. 60-61
98	288, p. 225	128	53, p. 61
99	304, p. 237	129	57, p. 63
100	305, p. 238	130	58, p. 64
101	310, p. 240	131	58, p. 64
102	21, p. 40	132	58, p. 65
103	24, p. 40	133	60, p. 66
104	27, pp. 41-42	134	60, p. 67
105	27, p. 42	135	60, p. 67
106	27, p. 42	136	61, pp. 67-68
107	28, p. 43	137	62, p. 68
108	29, p. 43	138	62, p. 68
109	29, p. 43	139	65, p. 72
110	30, p. 44	140	67, p. 74
111	30, p. 44	141	73, p. 78
112	31, p. 45	142	76, p. 81

SOBRE LA AUTORA

Maryam Mafi nació y creció en Irán. Se licenció en Sociología y Literatura en la Universidad de Tufts (EE. UU.) en 1977. Mientras cursaba un máster en Comunicaciones Internacionales en la universidad de Georgetown y en la American University, comenzó a traducir literatura persa y ha seguido haciéndolo desde entonces. Vive en Londres.